走进"一带一路"丛书

浙江省社科联社科普及课题（22KPWT06ZD-24Z）

"小非洲"
喀麦隆

陈 澄
吴 强 编著

浙江工商大学 出版社
ZHEJIANG GONGSHANG UNIVERSITY PRESS
·杭州·

图书在版编目(CIP)数据

"小非洲":喀麦隆 / 陈澄,吴强编著. — 杭州:
浙江工商大学出版社,2024.6
(走进"一带一路"丛书)
ISBN 978-7-5178-5978-9

Ⅰ.①小… Ⅱ.①陈… ②吴… Ⅲ.①喀麦隆—概况
Ⅳ.①K943.8

中国国家版本馆 CIP 数据核字(2024)第 059984 号

"小非洲"——喀麦隆
"XIAOFEIZHOU"——KAMAILONG

陈 澄 吴 强 编著

策划编辑	王黎明
责任编辑	张 玲
责任校对	沈黎鹏
封面设计	胡 晨
责任印制	包建辉
出版发行	浙江工商大学出版社
	(杭州市教工路 198 号 邮政编码 310012)
	(E-mail:zjgsupress@163.com)
	(网址:http://www.zjgsupress.com)
	电话:0571-88904980,88831806(传真)
排 版	杭州朝曦图文设计有限公司
印 刷	杭州高腾印务有限公司
开 本	880 mm×1230 mm 1/32
印 张	4.75
字 数	111 千
版 印 次	2024 年 6 月第 1 版 2024 年 6 月第 1 次印刷
书 号	ISBN 978-7-5178-5978-9
定 价	59.80 元

走进"一带一路"丛书顾问委员会

丁喜刚　新华社前驻达喀尔分社首席记者

王　波　新华社前驻伊拉克共和国、科威特国、沙特阿拉伯
　　　　王国和巴林王国分社首席记者

刘咏秋　新华社驻罗马分社记者,前驻希腊共和国、斯里兰
　　　　卡民主社会主义共和国分社记者

陈德昌　新华社前驻希腊共和国分社、塞浦路斯共和国分社
　　　　首席记者

明大军　新华社前驻曼谷分社、驻耶路撒冷分社首席记者

章建华　新华社驻堪培拉分社首席记者,前驻喀布尔、河内
　　　　和万象分社首席记者

特别顾问

马晓霖　浙江外国语学院教授,环地中海研究院院长

走进"一带一路"丛书编委会

‖ 目　录 ‖

◈ 开篇

◈ 上篇

◈ 中篇

开篇

　　当提到喀麦隆时,你的脑海中会浮现什么样的画面呢? 是足球场上肆意奔跑的"非洲雄狮",还是头顶商品走街串巷的小商贩? 是热情洋溢、充满土著风情的非洲舞蹈,还是充足的阳光、细腻的沙滩和翻滚的海浪?

　　坐落于非洲中西部的喀麦隆共和国(法语:La République du Cameroun)是一个单一制共和国。它西与尼日利亚接壤,东和东北分别与中非和乍得相接,南与赤道几内亚、加蓬以及刚果共和国毗邻。在濒临几内亚湾之处,有着长达 354 千米的弧形海岸线,它像一扇敞开的门户,是天然的避风港。因此,喀麦隆在军事上具有重要的战略意义,有着"非洲中心""非洲心脏"之称。

　　喀麦隆国土面积为 47.54 万平方千米,近似于两个广西壮族自治区的面积。这里既有平原,又有西非最高峰——喀麦隆火山;既有海滩,又有沙漠、雨林、热带草原。喀麦隆气候多样,农业环境多样,向来有着"中部非洲粮仓"的称号。全国 70％以上的人口从事农业活动,耕地面积占全国总面积的 15％。在农产品出口中,可可和咖啡这两种经济作物的出口值占出口总值的 30％—40％,是国家收入的主要来源。

　　喀麦隆有着非同寻常的殖民地历史,曾在三个统治者(德国、法国、英国)统治下生存,是一个把法语和英语同时作为官方语言的国家。1919 年英法瓜分了喀麦隆:法国占领的东部领土,约占总面积的 4/5;英国占领的西部领土,约占总面的 1/5。

1947 年英属喀麦隆被分为南北两部分,北部被划入尼日利亚北区,南部被划入尼日利亚东区。后来北部被分割成三部分,分别并入尼日利亚北区的阿达马瓦、贝努埃和博尔诺三省;南部自 1954 年起直属尼日利亚联邦政府,共分巴门达和喀麦隆两省,首府为布埃亚。① 漫长的独立奋斗史造就了喀麦隆独特的民族文化,喀麦隆人民将它融进了国旗里,画在了国徽上,写进了国歌里。

虽然中国与喀麦隆相距万里,但两国人民的心紧紧相连。喀麦隆朋友常说:"喀麦隆和中国是一家,是朋友,是兄弟。"自 1971 年 3 月中国与喀麦隆建交以来,双边友好合作关系不断朝着纵深方向发展,在政治、经济、文化、军事等领域的合作都取得了丰硕成果。中国是喀麦隆实现"2035 年成为新兴国家"远景目标的重要战略伙伴,喀麦隆是中资企业和华人华侨在中部非洲地区开展国际贸易、投资合作以及承揽工程的首选国之一。②

喀麦隆是非洲最吸引人的国家之一,在面积不大的国土上有着千姿百态的地理风貌、自然资源、种族群体等。本书将带您一起领略喀麦隆的前世今生,共同游览喀麦隆富饶的好山好水,了解喀麦隆丰富的族群文化以及它和中国政府、中资企业、中国高校之间的良性互动交流。

---

① 雅菲:《喀麦隆》,世界知识出版社 1960 年版,第 1 页。

② 《对外投资合作国别(地区)指南——喀麦隆》(2020 年版),https://www.yidaiyilu.gov.cn/wcm.files/upload/CMSydylgw/202102/2021020-50418028.pdf,2022 年 9 月 11 日。

上篇

喀麦隆是非洲联盟的创始成员国之一,在非洲尤其是撒哈拉沙漠以南的中部非洲地区扮演着重要的角色,在政治和经济舞台上有着很大的影响力。

然而,就像很多其他非洲国家一样,喀麦隆历史上也曾沦为西方国家的殖民地,被德国、英国、法国等帝国主义国家蹂躏过。1884 年,喀麦隆成为德国的"保护国"。第一次世界大战后,喀麦隆成为英国和法国的委任统治地。第二次世界大战后,喀麦隆成为英法两国的托管地。1960 年 1 月 1 日,根据联合国决议,法国托管区宣布独立,成立了"喀麦隆共和国"。1961 年 2 月,英国托管区的北部和南部分别举行了公民投票。6 月 1 日,北部并入了尼日利亚。10 月 1 日,南部与喀麦隆共和国合并,组成了"喀麦隆联邦共和国"。1972 年 5 月 20 日,喀麦隆公民投票通过了取消联邦制的新宪法,成立了中央集权的"喀麦隆联合共和国"。1984 年 1 月,国名改为"喀麦隆共和国"。

喀麦隆的历史,也是非洲历史的一个缩影,充满着苦难与反抗。

一、喀麦隆的早期文明

近年来,在喀麦隆境内许多地方发现了散布很广的经粗糙打磨的卵石样品,它们被认为是属于史前时期的奥杜瓦伊石制工具。这成为喀麦隆境内关于史前时期人类生活的重要考古发现。根据考证,非洲人早在6万年前就已经使用火。在第四纪的早期,在喀麦隆地区就出现了植物栽培,特别是培育了重要的作物薯术和油棕。虽然当地原始人主要还是依靠在自然界采摘果实生活,但是作物培育法的出现意味着喀麦隆早期人类和他们的群落中出现了新的生产关系,意味着他们开始通过劳动改变生活条件。

喀麦隆地区从旧石器时代到新石器时代经历了较长时间。考古学家在喀麦隆境内发现的一些新石器时代工具主要由一些不易加工的岩石制成。虽然这些石器的制造工艺比较粗糙,但是这表明喀麦隆人已经学会了石器打磨技术。

在新石器时代,喀麦隆北部地区的粮食作物种类有了很大的变化——尼日尔河地区培植的稻子代替薯类成了主要的作物,制陶和磨光石斧的技术有了进一步发展。

研究者认为"在非洲撒哈拉以南地区没有青铜器时代"[①],喀麦隆也是没有经过青铜器时代,直接进入铁器时代的。该地

---

① G.莫赫塔尔:《非洲通史 第二卷 非洲古代文明》,中国对外翻译出版公司1984年版,第422页。

区居民最早使用的铁器是从周围地区传入的。早在公元前 5 世纪—前 3 世纪,尼日尔河流域的塔鲁加(位于今尼日利亚乔斯高原)就建造了熔铁设施,人们开始掌握冶铁技术。随着铁器在尼日利亚地区的使用以及沙漠地区柏柏尔游牧人口的流动,铁器逐渐传到了喀麦隆北部。有考古学家认为,这一时间大概在公元 900 年。① 铁器在喀麦隆的使用,促进了当地的农业生产。同时,由于对自然环境的改造,喀麦隆地区的居民和境外地区居民之间联系的交通条件也得到了一定的改善,这为后来班图人向南迁徙提供了重要条件。

公元 11 世纪时,喀麦隆境内冶铁、制陶、加工海盐等手工业技术有了很大发展,相应地,各部门生产者之间的交换贸易也快速发展。喀麦隆南部森林中的俾格米人常用猎物换取箭、镰以及盐等。在欧洲人到来之前,杜阿拉人就经常从事一些地区性贸易。随着原始商业的发展,原始货币也开始出现。12 世纪之前,喀麦隆境内的一些族群已经进入了母系氏族社会。到 12 世纪时,喀麦隆地区由于铁器的使用,大量的原始森林遭到砍伐,狩猎和采集经济向农业经济转型,喀麦隆地区定居人口大增。

15 世纪时,有些族群已经开始实行父系氏族制度。随着父系氏族制度的发展和族群的扩大,一些村落逐渐形成,产生了作为村落首领的酋长,他们常代表神灵治理族人。他们还崇信巫术,代表族人举行祭祀,享有一定的特权。公元 1500 年之前,生活在喀麦隆森林中的族群已经开始从萨纳加河以北逐渐向喀麦隆南部迁移,迁移过程中出现了叫"恩库穆"的政

---

① J. 基-泽博:《非洲通史 第一卷 编史方法及非洲史前史》,中国对外翻译出版公司 1984 年版,第 405 页。

治组织。①

古代喀麦隆的社会发展、民族进步是一个漫长的渐进过程。在沦为德国的"保护国"之前,喀麦隆境内并没有形成统一的国家,境内的各族人民处于不同历史发展阶段,经历着社会的自然演进。随着西方殖民统治在喀麦隆的确立,西方的人文教育、宗教文化以及殖民经济的影响逐渐扩大,喀麦隆境内各族出现了分化,产生了杜阿拉、克里比、坎波、提科和维多利亚等城市,社会经济也有了殖民烙印。殖民者的入侵,标志着喀麦隆早期文明时代的终结,喀麦隆由此进入了近代社会。②

——————

① D. T. 尼昂:《非洲通史 第四卷 十二世纪至十六世纪的非洲》,中国对外翻译出版公司 1984 年版,第 462 页。

② 杨宝荣:《喀麦隆史前文明初考》,《西亚非洲》2006 年第 9 期,第 55 页。

二、喀麦隆的"发现"

历史悠久的喀麦隆也曾繁荣富足。5 世纪起,外来部族大量迁入,并先后形成一些部落王国和部落联盟。8 世纪后许多外来移民在这里建立起一些小部落国家,在经济和文化上有了相当的发展。到 14 世纪,比亚法拉王国开始分裂成两个小王国。当时这些王国与外界已有频繁的商业交往,例如同突尼斯、利比亚、埃及以及欧洲一些国家都有接触。那时的喀麦隆,没有外来入侵者,也没有殖民主义者,社会已经有了相当程度的发展。

但是,从 15 世纪起,西方国家纷纷进行航海探险,野蛮、残暴的殖民主义者来到了喀麦隆,将喀麦隆强行变成了殖民地,由此,拉开了喀麦隆血泪史的序幕。

早在 1472 年,来自欧洲的葡萄牙海员费尔南多·普就率船队抵达喀麦隆海岸。随后,船队驶入现在的武里河河口。在武里河,船队成员还捕食了一种被认为是"龙虾"的螯虾,并以此为名,称这条河为喀麦隆河,意即龙虾河。16 世纪初,在葡萄牙人绘制的世界地图上就出现了以"喀麦隆河"命名的武里河,这是最早有关喀麦隆地理的地图。之后,喀麦隆的名字得以沿用,并成为喀麦隆火山和木尼河区(前西属几内亚)之间的整个沿海地带的通称。

15 世纪以后,伴随西方殖民者的相继入侵,喀麦隆的名字也发生了相应的演变,葡萄牙人称它为"Camàrões",德国人称它为"Kamerun",法国人称它为"Cameroun",英国人称它为"Cameroons"。现在,原英属喀麦隆地区的人称它为"Cameroon",原法属喀麦隆地区的人称它为"Cameroun"。

说到非洲,绕不过的就是"贩卖黑奴"。在公元1530年以后,奴隶掠夺就在西非沿海盛行起来。最初只是个别欧洲商人、冒险家、航海家或者一般海盗为了获利,掠捕喀麦隆沿海的部族人。

随着葡萄牙海外殖民扩张的不断推进,葡萄牙人开始在奥德雷河到喀麦隆河的海岸建立补给站,作为过往船只停泊、获取粮食和燃料的据点。之后,荷兰人、英国人、法国人和德国人相继进入该地区,搜刮象牙、棕榈和橡胶等物产运回欧洲。同时,他们还在喀麦隆沿海建立了一些"商人区"。为扩大侵略,最初,欧洲殖民商人也向当地酋长交纳部分贡赋,以欺骗和笼络当地沿岸部族的首领。随着奴隶贸易的兴起,喀麦隆沿海地区变成了奴隶贩子进行奴隶掠夺和贸易的重要地区。

16世纪80年代后,欧洲殖民国家相继成立了一些专门从事奴隶贸易的公司,并在喀麦隆沿海地区进行有计划的掠捕和贩卖奴隶的活动。随着奴隶贸易的兴盛,喀麦隆的杜阿拉和武里河河口一带逐渐发展成了奴隶掠夺的中心。17世纪中叶,荷兰人在武里河河口建立了一个贸易站。随着奴隶贸易的进一步扩大,在喀麦隆沿海地区掠捕奴隶的活动几乎都由各非洲公司包办,奴隶的来源地也逐步向喀麦隆内地深入。19世纪初期,喀麦隆的杜阿拉、比姆比亚和里奥-德尔雷等地已经成为奴隶贸易的重要集散港口。

在长达400年的奴隶贸易中,葡萄牙、西班牙、法国、英国、美国和德国的商人们纷纷抢夺这份生意,在喀麦隆沿海地带大规模地搜捞这种人身商品。在此过程中,西班牙人攫取了斐南多波岛,以此作为他们集中自贝宁湾一带掳掠来的奴隶的主要据点之一。法国、德国和英国的商人则在喀麦隆沿海一带设立了半永久性的奴隶贸易站,主要基地都设在武里河河口。

　　贩卖奴隶的欧洲商人通过多种途径来掠夺喀麦隆的人口。一方面,他们自己组织力量对喀麦隆沿海一些部族人口进行掠捕;另一方面,他们还通过挑拨喀麦隆各部族之间的关系,引发战争,并利用部族势力为欧洲人掠捕奴隶。欧洲殖民者把奴隶运往美洲卖给种植园主和矿山主,再从美洲购买皮毛、糖等物品运回欧洲。奴隶贸易给喀麦隆人民带来了深重的灾难:很多人在反抗或运送过程中惨死;一部分人为躲避被贩卖的命运而流离失所,生活艰难。奴隶贸易严重地破坏了喀麦隆的社会经济发展。

　　殖民入侵、奴隶贸易打断了喀麦隆社会的正常发展。在奴隶贸易盛行的 300 多年中,喀麦隆的大多数部族都未能幸免于难,大量的精壮劳动力因被掠捕和贩卖而丧失。由于早期殖民者对喀麦隆的占领主要在沿海地区,因此,这一地区的人口损失更为严重。①

　　英国是最先开始资产阶级革命的国家。随着国内资本主义工业的发展,英国对国际商品市场的需求也提上了日程。因此,英国一方面打着禁止奴隶贸易的旗帜,限制列强在喀麦隆等地区的奴隶掠夺,另一方面扩大和加强对喀麦隆市场的控制。1807 年英国人宣布奴隶贸易非法,并在斐南多波岛驻扎舰船,企图禁止尼日利亚和喀麦隆沿岸的奴隶买卖。1827 年英国得到西班牙的许可,接管了斐南多波岛,以便控制比夫拉湾和

---

　　① 　姚桂梅、杨宝荣:《列国志·喀麦隆》,社会科学文献出版社 2010 年版,第 67 页。

贝宁湾的奴隶外运。1830年,英国在喀麦隆沿岸建立起若干合法的贸易站。1840—1842年间,英国的贝克罗夫特上尉乘一艘贸易船沿克罗斯河和卡拉巴尔河上行,对喀麦隆沿岸进行了考察,并同当地反对奴隶贸易的部族签订了反对奴隶贸易的协定。

英国的这一举措,一方面符合英国工业资产阶级的利益,因为过度的人口掠夺严重破坏了当地经济的发展,不利于已经进入工业时代的英国大量输出商品;另一方面,禁止喀麦隆的奴隶贸易能帮助英国获取土著的信任,有利于英国在该地区的势力扩张。

三、列强的争夺

　　喀麦隆的历史也是非洲大陆历史的缩影。葡萄牙、西班牙、英国、德国、法国、美国等西方列强你方唱罢我登场,在喀麦隆的国土上进行各种倾轧与迫害。

　　19世纪后期,资本主义进入了帝国主义阶段,由此展开了争夺殖民地的斗争。当时其他大陆已经分割完毕,而非洲尚有9/10的土地未被帝国主义国家侵占,因而欧洲帝国主义国家最后分割非洲的斗争便激烈地展开了,喀麦隆也成为被瓜分的重点对象。"一战"以前的一段时期里,参与争夺喀麦隆的列强主要是英国、德国和法国。

　　这时,最强大的英国在非洲积极进行扩张活动,并取得了很大成果。英国在用武力侵占了加纳、尼日利亚以后,就把侵略矛头指向喀麦隆。19世纪初,英国势力已经遍及喀麦隆沿海地区和几内亚湾。随着列强对喀麦隆渗透和争夺的加剧,一些当地的部族开始寻求英国的保护。1879—1884年,喀麦隆的一些部族首领多次向英国政府申请保护。1882—1883年,杜阿拉的贝尔国王和阿克瓦国王请求英国合并他们的领土。为了寻求英国的保护,比姆比亚的比勒酋长威廉王甚至愿将他的一部分土地出让给英国。

　　英属喀麦隆委任统治区主要包括喀麦隆西部和与尼日利亚接壤的地区。该地区在西方殖民者入侵之前,社会制度已有很好的发展,索科托哈里发帝国曾经建立了系统的社会统治体系——哈里发埃米尔区长村长制。在哈里发之下,有封建统治者埃米尔。各埃米尔国通常分为若干个区,各区的行政官员由埃米尔直接任命。区以下是村一级的行政单位,村长由区长任命。

1900年,英国的弗雷德里克·卢加德爵士出任英属北尼日利亚"保护地"的首任高级专员,他开始在统治地区推行间接统治制度。1914年,南北尼日利亚合并,卢加德成为统一的南北尼日利亚的第一任总督。随后,间接统治制度扩展到原南尼日利亚和喀麦隆的西部英属区。间接统治制度要求英属喀麦隆的土著官员承认英国对其所属喀麦隆的宗主权。在达到这一条件的基础上,英国殖民当局承认土著政权的合法性,并且要求土著政权替殖民当局对当地人民实行治理,包括征税(税款一部分上交英国殖民政府,一部分作为工资留给土著政权)和按照本地法对土著居民实施司法管理。在保留各地传统权力的同时,英国殖民当局还建立了一套高度中央集权的管理体制,在各殖民地建立了由总督、行政委员会、立法委员会组成的中央政府,负责管理殖民地的具体事务。在喀麦隆,英国委任的总督是英属喀麦隆地区的最高军政长官;行政委员会是咨询机构,其成员由殖民当局各部门的首脑组成,负责向总督提供决策建议;立法委员会负责一些殖民地政策和法令的制定和修改。这样,土著首领成为英国殖民当局的统治工具,殖民当局的中央政府成为英属喀麦隆地区的最高统治机构,对英属喀麦隆地区进行有效统治。

在英国拥有喀麦隆地区优势的同时,法国和德国也并不甘落后。它们在开展商贸活动的同时,也在积极寻求时机占领喀麦隆。

1864年德国汉堡的魏尔曼公司在喀麦隆沿海设立商站点。

1870年普法战争后,普鲁士建立了统一而强大的德意志帝国,对外扩张的野心与日俱增。1879年德国派遣了许多考察队到西非,加强了对该地区的勘察,德国商行在该地建立了许多商业据点。

为了赶在英国之前同喀麦隆的土著首领签订保护条约,1884年春,在汉堡大商人的要求下,德国"铁血宰相"俾斯麦以调查"德国在该地区的商业情况"为名,派遣曾经担任德国驻突尼斯总领事的古斯塔夫·纳赫蒂加尔到几内亚海岸进行活动,落实吞并喀麦隆事宜。当时的英国政府最担心的是喀麦隆落入法国手中,所以对德国的暗中行动并没有给予足够的重视。古斯塔夫·纳赫蒂加尔于1884年5月底自突尼斯出发,7月6日同多哥的首领签订了保护条约,并于7月17日乘德国军舰"海鸥"号抵达杜阿拉,7月18日在杜阿拉同当地首领贝尔和阿克瓦签订了保护条约,接着同法国驻加蓬总督划定了后来的喀麦隆南部边界,把喀麦隆置于德国的"保护"之下。

1885年德国任命冯·佐登为总督,强占了喀麦隆的布埃亚。到1887年,德国已经完全控制了喀麦隆的沿海地区,英国人被赶出了喀麦隆。由于俾斯麦政府对非洲殖民地日益重视,德国对喀麦隆的考察和占领不断向内地深入。1888年德国人在雅温得建立了商站。1894年德国与法国签订协议,划分了喀麦隆和中非的边界,规定喀麦隆东部边界不得越过贾河与桑加河的合流处。1901年德国人进占恩冈代雷、加鲁阿,深入喀麦隆北部地区。1905年德军攻占喀麦隆南部和东南部热带森林地区。到1911年,德属喀麦隆的版图已经扩展到喀麦隆北部的乍得湖边。德国逐步在喀麦隆内地建立了行政与军事基地,最初设立在杜阿拉的殖民行政中心也于1901年迁往布埃亚。1911年,德法两国达成协议:德国承认法国对摩洛哥的占领,作为回报,法国将当时法属刚果共计 27.5 万平方千米的大片土地割让给德国。割让地由德国"保护"下的喀麦隆管理,德属喀麦隆的疆域进一步扩大。

德国侵占喀麦隆后,就肆意掠夺喀麦隆火山周围的沿海地区,在那里经营很多种植园,开发森林资源,进行残酷的经济剥削。喀麦隆现有的两条很短的窄轨铁路,就是当时德国殖民者为了加强掠夺和统治修建的。

从 1884 年喀麦隆成为德国的"保护国",到 1914 年"一战"爆发,在统治喀麦隆的 30 年间,德国主导了喀麦隆的社会发展,给喀麦隆的社会和经济带来了深刻变化。

由于开发占领地的需要,解决土地和劳动力问题成为德国殖民当局首先关注的问题。在喀麦隆成为"保护国"之前,喀麦隆大部分地区处于奴隶制社会发展阶段,奴隶主对奴隶人身自由的束缚成为制约殖民地经济发展的首要障碍。发展殖民地经济,首先要求喀麦隆殖民当局废除本地的奴隶制,为殖民地经济的发展解放劳动力。1906 年,德国达姆施塔特银行经理德恩堡出任德国殖民局局长。德恩堡上台后,对非洲殖民地的政策进行了调整,对殖民地的许多制度做了进一步规范。由于德恩堡的新殖民政策的推广,大量的喀麦隆土著成为殖民种植园的工人,促进了殖民地种植园经济的兴起。

1905—1913 年间,德国种植园在喀麦隆西部沿海地区的占地面积从 800 平方千米增加到 1150 平方千米。[①] 此外,殖民公司还在"保护国"境内到处建贸易站,通过向当地人民直接推销商品和压价收购原料来进行剥削、掠夺。

---

① 　解健真:《喀麦隆人民早期反殖民主义斗争中的几次重大反抗运动》,《西亚非洲资料》1965 年第 1 期,第 39—43 页。

　　大量的喀麦隆人成为殖民公司和种植园的廉价劳动力。到 1905 年,喀麦隆已经有 10 万产业工人。1913 年,仅在雅温得到克里比的商道上就有 8 万搬运工人。他们常年进行艰苦的劳动,遭受沉重的剥削,却得不到应有的生活保障。由于劳动强度大,大量工人丧生,1905—1906 年,喀麦隆种植园工人的死亡率为 10%,个别种植园工人的死亡率达 30%—50%。①

　　为了方便德国的殖民统治,殖民当局在管理喀麦隆期间,对喀麦隆进行了一些基础设施建设,客观上推动了喀麦隆的社会发展进程。德国殖民当局在杜阿拉、克里比、坎波、提科和维多利亚等地建设了港口和码头,修筑了从杜阿拉到恩康桑巴的道路。在教育方面,德国人在殖民地创办了一批学校,其中教会学校占了很大比例。这些学校采用德语教学,以培养符合德国殖民统治需要的土著人才。到"一战"前,仅天主教会学校的在校生人数就达 2000 人。由于有意识地培养,喀麦隆形成了一个能在欧洲人和非洲人之间充当媒介的土著阶层,为殖民地经济深入非洲内地奠定了基础。

　　相比于英国和德国,法国试图武装占领喀麦隆的行动要迟缓得多。1879 年,法国议会批准了发展塞内冈比亚法属领地的计划,即在塞内加尔修建城堡与铁路等。但直到 1884 年 7 月 25 日,企图吞并喀麦隆的法国炮舰才到达。为了协调各殖民帝国间的利益,英国和德国在 1885 年 3 月,英国、法国和德国在 1885 年 12 月分别召开分赃会议,通过讨价还价就喀麦隆所属问题达成协议。在协议中,英、法承认喀麦隆和多哥为德国殖民地。作为让步,德国放弃了 1884—1885 年在贝宁和东南非

---

　　①　解健真:《喀麦隆人民早期反殖民主义斗争中的几次重大反抗运动》,《西亚非洲资料》1965 年第 1 期,第 39—43 页。

英国领地内以及塞内加尔法国势力范围内夺取的几个地方。

如同英国一样,法国也在非洲建立了一套完整的统治机构。为了加强对法属喀麦隆的统治,法国将喀麦隆统治区划分为21个行政省,将雅温得设为法国殖民当局中央政府所在地,设立了负责喀麦隆事务的地区专员以及专员的咨询机构——行政会议,并在殖民地中央政府之下按照土著同化的程度建立了三级酋长制度。

不同于英国的是,法国在喀麦隆委任统治区的统治政策包括两方面:一方面,法国主要依靠直接统治,对喀麦隆委任统治区实施同化政策,即法国向统治区积极输出制度文化,力图使统治区按照法国的模式发展;另一方面,法国在同化喀麦隆土著的同时,还通过法令积极维护法国人和殖民地人民的"种族界限"。法国通过《土著居民管制法》等系列法令,对法国人和殖民地人民进行划分,对殖民地没有达到同化水平的土著居民实行种族歧视政策,维护法国人在殖民地的优势地位。

"一战"中,英国、法国对德国在非洲殖民地的占领与瓜分,是帝国主义列强对非洲殖民地的又一次瓜分。1915年6月底,英法联军占领了喀麦隆中部的恩冈代雷。同年,英法联军攻占加鲁阿。1916年1月1日,在多贝尔将军带领下的英军抵达雅温得。几天后,法国将领埃梅里斯和布里塞也从东部率军队抵达雅温得。随着英法联军的逼近,驻守雅温得的德军节节败退,退守到西属几内亚。而驻守喀麦隆北部莫拉的德军在封·拉本少校的领导下虽坚持孤军抵抗,但还是在1916年2月20日向英法联军投降了。随着驻守喀麦隆的德军的战败,英法联军对喀麦隆实行军事管制,并在南、北喀麦隆殖民地建立了临时政府。1919年,战胜国达成协议,将喀麦隆分割成两部分,英国占领西部,法国占领东部。

　　"一战"结束后,英、法等战胜国于1919年1月在巴黎召开会议,列强在对德国殖民地问题上达成了一致意见。1919年6月28日,会议公布了《协约国和参战各国对德和约》,剥夺德国在海外的全部殖民地,并将其交由战胜国英国和法国以"委任统治"的形式加以治理。1919年7月,英国和法国根据该条约签订了《米尔纳-西门协定》。该协定将喀麦隆分为两部分,英法两国正式瓜分了喀麦隆。协定将1911年法国割让给德国的喀麦隆土地重新划归给法国的乍得殖民地管辖,法国对喀麦隆的委任统治地沿法属赤道非洲边界向北,一直到乍得湖,共约43.2万平方千米。英国委任统治地主要在喀麦隆西部地区,分南北两段,共约8.8万平方千米,北部同尼日利亚接壤。1920年1月国际联盟成立,1922年国际联盟根据国际联盟盟约正式将德国"保护国"喀麦隆交由英、法两国"委任统治"。

　　1922年,英国将喀麦隆委任统治地区的行政管理权划归英属尼日利亚。由于在统治区实行间接统治制度,因此在两次世界大战间隙,英属喀麦隆地区的社会政治相对稳定,殖民经济得到了进一步发展。

　　美国虽然名义上在非洲没有殖民地,但是一直对非洲积极进行经济侵略,企图插足非洲,取代英法殖民者的地位。在1922年国际联盟讨论喀麦隆、多哥等德国殖民地问题时,美国和英、法、日等国之间的争论及矛盾很大。英、法、日等国赤裸裸地主张将德国属地直接划入它们的殖民版图,作为德国战败的"赔偿"。而当时的美国由于力所不逮,则主张"国际化"。所谓"国际化"实质上就是让美国也有插足喀麦隆、多哥等国的机会,这与美国主张的"门户开放"政策是一致的,因此,美国的侵略野心昭然若揭,但是在当时的国际联盟会议上它并未达到目的。

"二战"期间,为了满足战争的需要,英国殖民当局采取多种措施来鼓励"委任统治"地区扩大生产规模,为其提供大量的农产品和其他原材料,这也使种植园经济有了更大的发展。英国殖民当局还积极利用这里的人力资源从事战争活动,因此喀麦隆人民为英国反法西斯战争的胜利做出了重要贡献。

"二战"初期,法国对法属喀麦隆的政策没有实质性变化。然而,由于战争需要,法国殖民当局加重了对喀麦隆人民的掠夺,喀麦隆的经济状况更加恶化。法西斯德国占领法国后,喀麦隆处于法国维希政府的管辖之下。维希政府把法国殖民地看作是法国的海外领土。1940 年 8 月 26 日,时任乍得总督的费利克斯·埃布埃积极响应戴高乐领导的"自由法国"运动,支持盟国反对法西斯德国和法国的维希政权。戴高乐任命埃布埃为全部法属赤道非洲的大总督。为了让赤道非洲国家支持法国的反法西斯抵抗运动,埃布埃于 1941 年 11 月在赤道非洲推行新的土著政策。根据这一政策,法属喀麦隆传统政治机构的权力在一定程度上得到了恢复和加强。该政策还力图通过促进法属喀麦隆经济和文化的发展,提高当地人民的生活水平,从而动员法属喀麦隆的经济力量来支持反法西斯战争。

喀麦隆人民在反法西斯战争中做出了积极的贡献。但是在 1946 年 12 月的联合国大会上,美、英、法等国家不顾喀麦隆人民要求独立和统一的呼声,无视苏联的反对,操纵联合国大会做出了将喀麦隆分为两部分交由英、法两国"托管"的决定。由"委任统治区"变成"托管区",喀麦隆人民仍旧处在英、法的殖民统治之下,被统治、被剥削的实质并未改变。[1]

"二战"后,由于发展经济的需要,英国加强了对殖民地经

① 雅菲:《喀麦隆》,世界知识出版社 1960 年版,第 8 页。

济的控制。在英国托管区,种植园经济仍然是殖民经济的首要组成部分。为了高效利用种植园经济,1946年英国殖民当局建立了直属于它的喀麦隆开发公司,并将"二战"时没收的德国人的种植园以85万英镑的价格租给该公司,委托其进行集中管理和经营。在殖民当局的支持下,喀麦隆开发公司成为英属喀麦隆最大的种植园主,拥有的土地超过25万英亩。该公司除纳税以外,还要向殖民当局提交利润。1957年该公司雇用工人2.8万,占英属喀麦隆雇用工人总数的80%。其主要产品为香蕉、棕榈、橡胶,年产值达250万—300万英镑,占英属喀麦隆出口总值的1/2以上。① 1960年,该公司生产的橡胶占西喀麦隆橡胶总产量的85%;它生产的香蕉占西喀麦隆香蕉总产量的45%。该公司经营的种植园几乎垄断了西喀麦隆香蕉、橡胶、棕榈等出口作物的生产。② 此外,喀麦隆开发公司还在该地区经营林业、农产品加工业、交通运输业、银行业以及进出口贸易等,如在维多利亚、埃登诺、埃克瓦建有榨油厂,在提科建有橡胶加工厂。

这一时期,英属西喀麦隆的其他一些殖民公司的经营规模也有较大的发展,如厄尔得斯-费夫特公司和属于联合非洲公司的帕摩尔有限公司。前者主要种植香蕉,后者主要种植橡胶,两个公司在西喀麦隆共占有土地约140平方千米。英国开办的喀麦隆有限公司、海岸木材公司、布莱德公司等控制了西喀麦隆的林业生产。随着殖民资本的增加,殖民生产的扩大,更多的喀麦隆人民被卷入殖民资本家的工农业生产中。

英帝国主义在喀麦隆西部特别采取了"分而治之"的老伎

① 解健真:《喀麦隆的外国垄断资本》,《西亚非洲资料》1965年第4期,第10—11页。

② 雅菲:《喀麦隆》,世界知识出版社1960年版,第27页。

俩。它不但极力阻挠英属喀麦隆人民和法属喀麦隆人民实现民族统一,而且使英属喀麦隆长期陷入分裂状态。从一开始,英国就把英属喀麦隆划归给英国的殖民地尼日利亚管理,并且把它分为几个部分,使其分属于尼日利亚的各区,根本不把它作为一个统一的行政单位,以便于阻挠喀麦隆人民的独立。

英帝国主义在英属喀麦隆独揽大权。英国驻尼日利亚总督即是英国驻喀麦隆的高级专员,在南喀麦隆也设有英国专员。南、北喀麦隆各省都由英国殖民官员担任省长,他们不仅掌握行政权,还设置了一套司法机构,以镇压人民。

此外,英帝国主义还尽量利用当地原有的封建结构和封建酋长贵族来为自己服务,这就是所谓的"间接统治"。英帝国主义"间接"统治的具体形式是土著管理处。帝国主义和封建势力通过这种形式勾结起来压迫人民。土著管理处是地方行政管理机关,设在省区之下,基本上按照原来的部族或部落结构来组成,因此土著管理处大小不一,内部组织机构也各不相同。最小的土著管理处只管一个村,大一点的管几个村,在北喀麦隆,封建势力较大,土著管理处的辖区较大。土著管理处由酋长主持,按照英国殖民政府的规定,土著管理处有行政权和立法权,有自己的官员和警察,有自己的预算,可以征收一定的税,它的任务是维持秩序并进行良好的治理。

在非洲民族独立运动普遍高涨的形势下,英帝国主义也不得不采取一些"改革"措施,用表面上的让步来欺骗群众。

1954年英属南喀麦隆成为"准联邦领地"后,设立了一个议会,可是只有部分的议员由选举产生,在20名议员中选举产生的有13人。英属南喀麦隆另外设有一个执行委员会,但执行委员会只是英国专员的咨询机构,管理的权力属于英国驻尼日利亚总督兼驻喀麦隆高级专员,由他委托英国驻南喀麦隆专员行使职权,专员对总督负责。

1959年1月,南喀麦隆议会改选,选举产生的议员名额由13人增加到26人。选举的结果是喀麦隆民族民主党取得胜利,当选的26名议员中有14人属于这个党,因此该党领袖丰肖出任南喀麦隆总理。在英属南喀麦隆实行的这些"改革",如设立议会、实行"部长制"等,只是承认南喀麦隆取得一些内部"自治"的权力,它的地位最多不过相当于尼日利亚联邦的一个区。至于英属北喀麦隆,它仍被分为三部分,属于尼日利亚北区的三个省,连一个统一的行政机构都没有,更谈不上实行什么"自治"了。

1960年10月1日尼日利亚独立,英帝国主义一方面想尽量保持它在尼日利亚的势力,另一方面想把英属喀麦隆保留在尼日利亚联邦之内,以便通过尼日利亚继续加以控制。但是英属喀麦隆的人民坚决要求独立并且和已经宣布独立的法属喀麦隆合并成一个统一的国家。

法属喀麦隆的经济发展主要依赖农业。不同于英属喀麦隆的是,在长期的殖民开发中,这一地区并没有形成大规模的种植园经济,农业经济以小农经济为主,发展较为落后。由于殖民经济的需要,法国殖民当局要求农民片面发展出口经济作物的生产,如可可、香蕉、咖啡等农作物是该地区的主要产品。殖民贸易公司通过中间商,从分散的农民手中收购产品进行出口。"二战"结束后,由于国际市场对商品需求的增长,殖民当局鼓励当地居民大力发展单一的农产品种植,农业产量有了很大的增长。在1947—1957年的10年时间里,香蕉出口量由1.7万吨增加到8.7万吨,增长了412%;可可出口量由3.3万吨增加到5.3万吨,增长了61%;咖啡出口量由0.55万吨增加到 1.75 万吨,增长了 218％；木材出口量由 3.6 万吨增加到 12.1 万吨,增长了 236％。[①]

"二战"后,法国资本加强了对法属喀麦隆地区林业、石油和天然气开采以及金融业等方面的垄断。法属喀麦隆的林业生产几乎完全控制在法国资本手中。仅在 1947 年 11 月—1948 年 11 月期间,殖民公司"租让"的林区就达 2 万平方千米。此外,木材加工业,棉花加工业,以及可可、棕榈、花生等油料作物的加工业,也大多受法国垄断公司的控制。1951 年成立的喀麦隆石油勘探开采公司,垄断了喀麦隆石油和天然气的勘探权。在该公司的股权结构中,法国石油勘探局占 51％,法国海外中央金库占 22.7％,喀麦隆政府仅占 11.3％。法属喀麦隆的金融业也被法国垄断资本所控制。东喀麦隆独立前共有 6 家银行,其中 5 家是法资银行,1 家则是英资银行。独立前的货币发行权完全由法国控制。独立后,为了接管货币发行,喀麦隆联邦政府建立了国家银行——喀麦隆开发银行,但仍有 31％的股份控制在法国政府手中。此外,喀麦隆的日用五金企业和大量的消费品企业也控制在法国资本手中。[②]

为加强统治,殖民政府通过行政、司法改革加强了政府的权力。1946 年,法国将喀麦隆列为"联合领地"。派驻喀麦隆的最高级官员称高级专员,实际上也就是总督。高级专员掌握着喀麦隆的行政、立法、司法大权,统辖着镇压喀麦隆人民的殖民军队。法国又将喀麦隆划分为若干省,省以下又分为若干区,省长和区长都由法国殖民官员担任。这样,法国在喀麦隆建立了严密的统治系统。

---

① 雅菲:《喀麦隆》,世界知识出版社 1960 年版,第 11 页。
② 解健真:《喀麦隆的外国垄断资本》,《西亚非洲资料》1965 年第 4 期,第 7—10 页。

同时,法国在一定程度上保留了喀麦隆当地原有的传统酋长的势力,并利用这种势力为殖民统治服务。由于喀麦隆各地社会发展的程度不平衡,原有的酋长势力和影响也有所不同。在喀麦隆北部信奉伊斯兰教的地区,封建酋长保留了较多的权力;在喀麦隆南部,特别是在沿海一带,酋长的影响则在不断减弱。不论在北部或南部,法国的殖民政策都在于把传统的酋长变成殖民政府的工具和仆从。

喀麦隆人民就是这样遭受英法殖民者的残酷压迫和强行掠夺的。在长期的殖民统治下,喀麦隆在经济上处于极端贫苦的境地。《联合国宪章》规定,管理托管领土的国家要促进该领土居民的政治、经济、社会和教育进步并最终让该领土实现自治或独立。可是英法殖民者对喀麦隆所采取的措施,在本质上都是为了继续维持和巩固它们的统治,人民根本享受不到什么权利。① 随着帝国主义同喀麦隆人民之间矛盾的日益加深,喀麦隆人民为争取国家独立展开了一系列英勇斗争。

---

① 陈力:《喀麦隆人民反对殖民主义的斗争》,河北人民出版社 1959年版,第 8 页。

四、为了独立而战

殖民者的入侵受到了喀麦隆人民的长期抵抗,反抗运动伴随着殖民者征服和统治的全部过程。早期的反抗运动主要是喀麦隆人民反抗殖民者占领和压迫的斗争。随着殖民活动的开展,喀麦隆无产阶级走上了历史舞台,反抗运动向着较高形式发展。

1884 年,德国在喀麦隆建立了殖民统治后,不仅利用当地的土著进行殖民生产,还从其他地区购买奴隶参加种植园耕作,开发殖民地经济。在约斯村,驻扎着一支包括达荷美士兵在内的殖民军队。这些达荷美士兵是德国殖民者从达荷美买来的奴隶。殖民者把一部分奴隶分配到种植园从事农业生产,把另一部分安排到殖民军队中服役以协助德国人管理种植园。这些奴隶士兵在殖民军队中的地位极其低下,不仅没有军饷,还经常遭受德国军官的羞辱和虐待,因此充满了反抗情绪。1893 年 12 月 15 日,在种植园从事农业生产的一些达荷美妇女因没有按照德国军官的规定去劳动,遭到了德国军官的羞辱。德国军官莱斯特把这些妇女赶到练兵场,当着达荷美士兵的面剥光了她们的衣服并对她们进行毒打。看到自己的亲人和同胞受凌辱,达荷美士兵忍无可忍,在一个名叫马马杜的士兵的领导下,达荷美士兵决定武装反抗。深夜,起义士兵攻占了德军的军火库,在夺取大量武器后,开始向殖民总督府发起攻击。强大的火力迫使德国驻军撤离总督府,随后起义士兵占领了总督府。12 月 16 日,德军开始反扑。起义军在约斯村组织了大量当地居民抵抗德军的反扑,打退了德军的多次进攻。12 月 23 日,由于弹药用尽,约斯村在德军四面包围下被攻陷。这次起义虽然失败了,但是沉重地打击了殖民者的嚣张气焰,鼓舞了喀麦隆人民的反抗斗志。

雅温得贸易站是德国殖民者在喀麦隆重要的贸易中间站,来往货运量巨大,这里的工人们同样遭受着殖民公司的沉重剥削。1904 年 4 月底,殖民公司把公司仓库里已经发霉的物品代替工资发给工人,遭到了工人们的反对。工人们拒绝接受发霉了的物品,要求给他们发放工资并开始罢工。罢工运动导致雅温得贸易站与沿海地区之间的贸易中断,严重损害了殖民公司的利益。为此,殖民政府在 5 月 6 日召集工人代表开会,企图协调工人和殖民公司之间的关系,让工人复工。会上,工人代表更加明确地提出了要求,但遭到殖民公司老板的拒绝。罢工继续,货运停止,大量的货物堆积在贸易站。5 月 23 日,在殖民政府的第二次调停下,资方同意了工人提出的发放工资的要求。在工人做出一些妥协的情况下,双方就工资待遇达成共识,持续了月余的罢工运动以工人的胜利而告终。

从 1884 年到"一战"前,喀麦隆爆发了数十次反抗运动。在此时期,喀麦隆人民的反抗斗争主要集中在经济方面,即反对压迫,反对剥削,争取合理的工资待遇。相较于"二战"之后的反抗斗争,此期间的喀麦隆人民的武装力量相对薄弱,缺乏充足的武器和统一有效的组织领导。虽然这一时期进行的反抗运动成效有限,但是喀麦隆人民英勇斗争、争取独立的精神在一定程度上打击了殖民者的气焰,鼓舞了人民的斗志,为后续反抗斗争的展开提供了借鉴。

"一战"爆发后,英、法联军击败了驻喀麦隆的德军,占领了喀麦隆。1919 年 7 月,英、法两国签署《米尔纳-西门协定》瓜分了喀麦隆:法国占领东部领土,约占总面积的 5/6;英国占领西部,约占总面积的 1/6。面对长期以来被殖民、被侵略的状况,喀麦隆人民在 1928 年和 1931 年相继爆发了反殖民主义的起义。"二战"中喀麦隆人民的民族觉悟不断提高,战后要求民族独立的呼声成为喀麦隆人民的共识。

西方殖民者的入侵使喀麦隆的前资本主义的生产方式开始解体,使传统的社会制度遭到破坏;同时,也使喀麦隆的资本主义逐步得到发展,产生了以新兴资产阶级、无产阶级和新型知识分子为代表的社会力量。在长期反抗殖民压迫和剥削的斗争中,喀麦隆的这些新兴力量得到了锻炼。尤其是在"二战"期间,喀麦隆的新兴力量进一步成长壮大,为"二战"后的喀麦隆民族独立运动培养了重要的社会力量,使喀麦隆争取自治和独立成为可能。

"二战"后,根据 1946 年联合国大会通过的托管决定,英国殖民当局继续对喀麦隆托管区与尼日利亚实行行政上的联合统治。根据《联合国宪章》第 76 条,托管地的发展应"趋向自治和独立"。为此,托管区的民族主义运动者把要求脱离尼日利亚、实行分治的政治目标作为民族独立运动的首要任务。

1948 年 4 月 10 日,费利克斯·罗兰·穆米埃、吕班·姆·尼奥贝以及欧内斯特·乌安迪等人共同创建了喀麦隆人民联盟。该联盟在其章程中明确提出了自己的奋斗纲领,即按照《联合国宪章》的规定,推动喀麦隆民族的自治和独立,最终结束英、法的托管,统一喀麦隆。

为代表各部族人民争取民族自治,1949 年伊曼纽尔·恩德莱和内里安斯·姆比耳在南喀麦隆建立了喀麦隆民族同盟。为促进英、法托管区的统一,姆比耳于 1951 年退出喀麦隆民族同盟,组织了喀麦隆民族统一大会党。1951年底,喀麦隆民族同盟和喀麦隆民族统一大会党合并为喀麦隆国民大会党。喀麦隆国民大会党要求南喀麦隆从尼日利亚东区分离出来,作为尼日利亚联邦的一部分。随着战后殖民地民族独立运动的兴起和不断高涨,英国在殖民地开始推行宪政改革。1951年尼日利亚议会颁布了《麦克费逊宪法》,规定南、北喀麦隆可以通过选举产生代表参加所属区的议会,议会代表最终将参加1953年的尼日利亚制宪会议。南喀麦隆在议员选举后,派出了13名代表参加尼日利亚东区议会。在议会上,南喀麦隆议员代表团积极周旋,要求获得更大的自治权。在南喀麦隆人民的要求和斗争下,1953年尼日利亚东区议会通过了关于南喀麦隆脱离尼日利亚东区的决议。在1953年的尼日利亚制宪会议上,喀麦隆国民大会党的与会代表、该党领导人恩德莱要求尼日利亚政府给予南喀麦隆分治的地位。在选举中,恩德莱的国民大会党获胜。尼日利亚政府通过了南喀麦隆在1954年地区分治的决议。1954年,尼日利亚颁布了《李特尔顿宪法》,正式承认南喀麦隆成为"准联邦领地",允许南喀麦隆自主设立议会和执行委员会,并将以"准联邦"的地位派代表参加尼日利亚议会。同年,南喀麦隆被分为巴门达和喀麦隆两省,首府设在布埃亚,由尼日利亚联邦政府直接管辖。1954年10月,南喀麦隆议会举行了第一次会议,恩德莱被任命为行政首脑,负责过渡时期的政府事务。至此,南喀麦隆人民完成了争取自治的历史使命。

1958年5月,南喀麦隆新宪法开始生效。根据新宪法,南喀麦隆将成立内阁制政府,恩德莱出任政府总理。恩德莱领导的喀麦隆国民大会党上台后,主张在加强南喀麦隆地位的前提下逐步建立同法属喀麦隆的联合,这遭到主张英属和法属喀麦隆统一的民众的不满。1958年,恩德莱政府的公共工程部部长穆纳因倡议英管区和法管区喀麦隆人民的联合统一,被恩德莱解除行政职务并开除出党。随后,穆纳加入主张喀麦隆统一的喀麦隆民族民主党。在 1959 年 1 月的大选中,主张英管区和法管区联合的喀麦隆民族民主党获胜,取得了组阁权。喀麦隆民族民主党组织新政府,丰肖接替恩德莱任政府总理。丰肖政府上台后继续积极推动英、法两个托管区的统一事业。

而在法国托管区,喀麦隆人民联盟一直积极发动人民参加代表议会和领地议会的竞选活动,推动喀麦隆的自治进程。在喀麦隆人民联盟的推动下,法管区人民的政治热情高涨。1954—1955 年,联合国共收到了 5.5 万封要求民族自治和独立的请愿书。喀麦隆人民联盟还代表喀麦隆人民到联合国进行请愿,并把在联合国的演讲内容印发成册广泛地散发给群众,让世界人民了解真相。1954 年喀麦隆人民联盟提出了结束法国托管并召开立宪大会的主张,得到了人民群众的热烈拥护和支持。

随着民族独立运动的开展,法属喀麦隆形成了许多的政党和政治团体。这些政党也公开拥护喀麦隆人民联盟提出的独立和重新统一的奋斗目标。

喀麦隆人民联盟领导的人民运动引发了法国殖民当局的恐慌。为了延续在喀麦隆的殖民统治,法国殖民当局对喀麦隆人民联盟实施暴力手段,上演了残忍的"五月血案"。1955 年 5 月 21 日和 22 日,法国殖民当局派宪警强行闯入喀麦隆人民联盟设在杜阿拉的办公处,没收了联盟的文件并捣毁了该办公处。法国殖民当局的行为激起了杜阿拉群众的强烈不满,愤怒的群众纷纷走上街头进行抗议。抗议活动遭到了法国殖民当局的镇压,当局调来了全副武装的殖民军队,向手无寸铁的抗议群众开枪扫射,当场打死群众 7 人,致使群众 30 人重伤。抗议活动进一步扩大,工人、农民、商人、学生积极参加,游行示威很快波及其他地区。1956 年 5 月 25 日,是法国殖民当局镇压喀麦隆民族解放运动、对喀麦隆人民实行大屠杀、解散喀麦隆人民联盟整整一周年的日子。驻扎在杜阿拉的法国殖民军刚醒来,发现全城所有建筑物上的殖民者旗子都被扯掉了,取而代之的是红底黑蟹的喀麦隆人民联盟的旗帜(黑蟹象征喀麦隆,红色象征着为了民族事业而牺牲的爱国者的鲜血)。许多电线杆上也被贴了同样的图案,就连法国殖民者的"托管"总部门前那高高的旗杆上也被挂上了红底黑蟹旗帜。当法国殖民者驾驶着警车到处搜捕游击队员时,却连一个人影也没看到。从此以后,每当 5 月 25 日到来时,殖民者都会在前一天晚上出动军警,严加戒备。但在这一天,还是有很多的红底黑蟹旗帜在喀麦隆各地飘扬着。这面为自由和独立而斗争的旗帜被喀麦隆人民称为"不倒的旗帜"。

当法国殖民者发现只靠军事上的残酷镇压不能完全维持和巩固它的殖民统治时,就采取一些政治手段企图欺骗喀麦隆人民。

1956 年 11 月,虚伪的法国殖民者们为了掩盖其殖民目的,在喀麦隆举行了所谓的"市政选举"。在喀麦隆人民联盟的领导下,喀麦隆人民以拒绝投票和弃权的方式直接表达了对殖民当局的强烈反对。在杜阿拉,约 68000 个登记投票的人中,只有 8200 人投了票。同年 12 月,法国又在喀麦隆举行了所谓的"立法议会选举"。在选举前夕,爆发了反法爱国运动。喀麦隆人民联盟发动了广大群众对选举进行抵制,爱国者在各地破坏了交通线,到处举行示威游行。法国殖民当局在 3 天内逮捕了近万名爱国者,关闭了 3 家报社,并调集 3 万军警,出动伞兵进行镇压。法国殖民当局对民主党领袖姆比达说:"谁不选我们的人,就叫他死着去投票。"法国殖民当局就是凭借着如此野蛮的镇压，才选出了所谓"议会"的成员，并于 1957 年 5 月组成了"自治政府"。喀麦隆的外交、国防、财政和经贸等事务均由法国殖民当局掌控。

1958 年春，巴米累克地区爆发了武装起义。喀麦隆人民联盟领导的武装力量在萨纳加海滨、巴米累克和蒙戈地区进行了广泛而活跃的游击战，沉重打击了法国殖民当局的嚣张气焰。1959 年，喀麦隆人民联盟成立了"民族解放军"，继续进行战斗，并由郊区转向城市，直指杜阿拉和雅温得两大殖民统治中心。仅在 1959 年的 7 月、8 月间，就炸毁了 3 架敌机和数座仓库，歼敌 300 余人，这引起了法国殖民当局的恐慌，在全国 21 个省中有 20 个省进入紧急状态。

不断扩大的武装斗争加快了法国同意喀麦隆独立的进程。1959 年 3 月联合国通过决议，宣布喀麦隆于 1960 年 1 月 1 日独立。在独立后成立的新政府中，喀麦隆人民联盟被排除在外。

在喀麦隆争取独立的过程中，美国同法英完全是一个鼻孔出气。美国一贯支持法英殖民者镇压喀麦隆人民，反对喀麦隆的统一和独立。联合国大会和托管理事会几乎每年都要审查喀麦隆在法英所谓"托管"下的情况。1952 年、1955 年和 1958 年，联合国托管理事会 3 次派出代表团赴喀麦隆视察。但是这些代表团的成员中 2 次包括了美国代表。这些代表团成员在喀麦隆视察时有意忽视了成千上万喀麦隆人民被屠杀的事实，罔顾喀麦隆人民对殖民当局的控诉和对统一、独立的渴望，甚至掩盖当地的真实情况，替殖民当局粉饰太平。

在 1959 年 2 月召开的联合国第十三届大会第二次会上，美国完全支持法国反对重新选举和英国关于在英托管区北部不需要举行公民投票的主张。联合国在美、英、法三国的操纵下,最后通过了为殖民国家利益服务的决议:一个是美国等提出的关于法国托管区的提案,规定在 1960 年 1 月 1 日给予"独立",但没有规定在独立前举行保证真正独立所必需的新的立法议会选举,只含糊地规定在独立之后"尽早"举行选举。这完全漠视了几十年来喀麦隆人民的要求,只是有利于法国在"独立"的幌子下继续维持它对喀麦隆的殖民统治。另一个是受美国积极支持并符合英国意图的,由意大利、日本等国提出的关于英国托管区的提案,规定在南北地区分别于 1959 年 12 月初至 1960 年 4 月底和 1959 年 11 中旬举行公民投票。这个提案的目的是让喀麦隆永远分裂。

联合国通过了美国等国家的提案,这激起了喀麦隆人民的强烈反对。喀麦隆人民联盟和喀麦隆民主党一致认为联合国的决议完全损害了喀麦隆人民的合法权利,而有利于殖民主义者来实现它们的阴谋。两个政党宣布:绝不承认联合国通过的决议,指责联合国"只不过是为殖民大国效劳的工具";谴责美国公开干涉喀麦隆内政和维护殖民主义的立场,认为美国"正以新殖民主义者的姿态出现在非洲大陆",号召喀麦隆人民分清是非,辨别敌友;指出美国没有资格做喀麦隆人民的朋友,号召人民起来反对奴役和分裂,绝不放下武器,绝不停止战斗。

喀麦隆人民的斗争不是孤立无援的,它是非洲人民民族解放运动的一个重要组成部分,也是全世界人民反对殖民主义、帝国主义和保卫世界和平的共同事业中的一部分。喀麦隆人民的斗争得到了全世界人民的同情和支持。

在联合国大会和托管理事会上,苏联代表不断揭发法英当局在喀麦隆的殖民统治和残酷压榨、剥削喀麦隆人民的事实,并给予了严厉的谴责。苏联还提出了改善喀麦隆人民的经济和社会状况的具体措施,提出了有助于喀麦隆及早获得独立的方案步骤。在 1959 年 2 月召开的联合国第十三届大会第二次会议上,苏联代表完全支持给予喀麦隆真正独立,肯定喀麦隆享有充分国家主权的要求,揭穿了法国企图把喀麦隆强行并入"法兰西共同体"的阴谋。其他社会主义国家和许多亚非国家、拉丁美洲国家也都坚决主张将喀麦隆两个托管区统一为一个国家,并且享有真正的独立。由于当时联合国还没有摆脱帝国主义国家的控制,苏联和其他国家的努力徒劳无功。

但是喀麦隆人民的斗争得到了国际社会的大力支持。1957 年 12 月,在开罗举行的亚非人民团结大会就明确地提出,支持喀麦隆人民争取统一和独立的斗争。1958 年 4 月在加纳首都阿克拉举行的非洲独立国家会议,也通过了一项关于喀麦隆的决议,呼吁联合国加紧行动,帮助喀麦隆人民实现他们正当的政治愿望。1958 年 12 月在加纳首都阿克拉举行的全非人民大会,呼吁所有非洲组织在 1959 年 2 月 20 日一致声援喀麦隆人民。随后,亚非人民团结理事会书记处也发表声明表示支持,并号召各国亚非团结委员会成员在 2 月 20 日举行"喀麦隆日"活动,来支持喀麦隆人民的斗争。

在"喀麦隆日"的前后几天中,许多社会主义国家以及印度、印度尼西亚等亚洲国家都举行了集会,声援喀麦隆人民的斗争。北京的各界人民也于 2 月 18 日隆重举行了集会,坚决支持喀麦隆人民争取独立自由的正义斗争。中国人民曾经长期遭受帝国主义的奴役和掠夺,经过了长期反对帝国主义侵略的斗争才取得了最终胜利,因此对非洲人民面临的现状满怀同情,对喀麦隆人民的斗争愿意给予全力支持。中国人民同非洲人民以及全世界一切爱好和平及正义的人民一道举行了"喀麦隆日"活动来支持喀麦隆,这不仅仅是世界各国人民对喀麦隆人民斗争的支持,也是对仍然生活在殖民主义枷锁下的非洲兄弟的一个巨大的鼓舞。

　　1960 年英属南喀麦隆的喀麦隆民族民主党和丰肖政府与独立的喀麦隆共和国总统阿希乔就联合问题进行了会谈。为准备英属南喀麦隆同喀麦隆共和国的统一,双方举行了几次立宪会议,确立了统一的基本方案。1961 年 2 月 11 日,英国托管区的南喀麦隆在联合国的主持下举行了公民投票,在主张统一的喀麦隆民族民主党和喀麦隆统一党的推动下,南喀麦隆公投以 233571 票对 97741 票,赞成与喀麦隆共和国合并。1961 年 10 月 1 日,南喀麦隆脱离英国的托管,宣布与喀麦隆共和国统一,成立了喀麦隆联邦共和国。前喀麦隆共和国总统阿希乔任联邦共和国第一任总统。根据宪法规定,原英属喀麦隆改名为西喀麦隆,原喀麦隆共和国改名为东喀麦隆。

　　喀麦隆独立后不久,阿希乔政府就明确提出了喀麦隆国家统一的奋斗方向。为了国家的统一大业,阿希乔总统非常注意团结拥护联合的东、西两邦的各方人士。1961 年成立的联邦政府中,西喀麦隆的坦登·穆纳担任副总统,32 名内阁中有 7 名来自西喀麦隆。为了增进两地区的联合,阿希乔政府宣布英语和法语共同作为喀麦隆的官方语言。政府的文件和官员的重要讲话,以及广播、报纸等都要求使用英、法两种语言。

　　随着政治、经济和文化等各方面联系的不断加强,喀麦隆联邦建立单一制国家的时机逐渐成熟。1972 年 5 月 6 日,阿希乔总统在同喀麦隆民族联盟政治局成员和中央委员会成员协商后,请求国民大会用单一制取代联邦制。随后,国民大会就此问题做出了举行全民公投的决定。公投结果是,以 99.99% 的赞成率同意将喀麦隆联邦共和国改为单一制国家。1972 年 5 月 20 日,喀麦隆通过新宪法,取消联邦制,成立中央集权的喀麦隆联合共和国。

从 1972 年喀麦隆联邦共和国改名为喀麦隆联合共和国,到 1984 年喀麦隆联合共和国又更名为喀麦隆共和国,在 10 多年的时间里,喀麦隆政治稳定,中央权力进一步加强,社会稳定向前发展。

1972 年 6 月 24 日,阿希乔总统颁布法令,宣布将共和国划分为 7 个行政省,中央政府直接对各省实施领导。由于喀麦隆民族联盟的长期执政,联盟通过对中央、省、地方各级支部的领导,逐步建立了对全国的直接控制,为喀麦隆制定和实施稳定的政策提供了重要条件。1973 年 5 月 5 日,喀麦隆通过选举产生了第一届国民议会。1973 年 6 月 8 日,喀麦隆国民议会制定了《国民议会章程》,对喀麦隆立法机构——国民议会的组织和运作从法律的层面做出了规定。

喀麦隆政府实施宽松的民族政策,积极遏制部族主义分裂行为。喀麦隆有"小非洲"之称,是部族较多的国家,全国共有大小部族 240 多个。由于发展水平的差异,各部族之间的区别十分明显,部族势力形成的地方主义非常突出。随着喀麦隆的独立,不甘心同殖民地区失去联系的宗主国有意挑唆和利用部族之间的矛盾,增加了喀麦隆的不稳定因素,使得喀麦隆的地方冲突更加尖锐、复杂。联邦成立后,中央政府为了避免部族主义威胁国家的统一,在国家政治生活中制定和贯彻了部族平衡政策,协调各派政治力量之间的关系。特别是在政府各部门官员配备中,尽量体现平衡原则,任用、团结维护联合的各部族人士。1972 年联合共和国成立时,总统是东喀麦隆的阿希乔,副总统则由西喀麦隆的穆纳担任。1975 年政府设立了总理职位,阿希乔总统是北方人,而南方部族出身的保罗·比亚则被任命为共和国总理。从 1972 年共和国划分为 7 个行政省后,中央政府的各届内阁中都有各省的代表人物,各省在内阁中代表权的比例基本上是同各省人口比例相吻合的。政府还通过立法取消或限制部族酋长的特权,削弱了酋长在地方的传统势力和影响,同时,通过广泛吸收部族酋长或头面人物到国家机构中任职来团结各部族。为促进民族团结,政府注意照顾不同部族之间的发展差别,强调喀麦隆人民不管来自哪个部族,首先是喀麦隆公民,坚决反对以发展传统文化而强化部族主义文化意识的行为。国家通过法律规定,严禁政党、议会和工会中的部族主义活动,并把国内以部族为基础建立的各种机构都纳入了政府的控制范围。

此外,喀麦隆政府还加强对国家军队的控制,对国家的安定起到了重要保障作用。独立以来,阿希乔一直担任武装部队总司令,把军队牢牢掌握在手中。1976 年后,政府对军队领导机构进行改组,重新调整了全国的军区划分,分散陆军权力,并新设了首都卫戍部队和机动部队,防止军人干政,避免了许多非洲国家出现的军事政变,维护了国家的稳定。

1982 年 11 月 4 日,阿希乔总统以健康问题为由宣布辞职。11 月 6 日,根据宪法规定,喀麦隆联合共和国总理保罗·比亚宣布继任总统职位。1984 年 1 月喀麦隆联合共和国改名为喀麦隆共和国。

中篇

喀麦隆是一个实行单一总统制的国家。在保罗·比亚总统的长期领导下,喀麦隆实行"民族复兴"纲领,主张"民主化和民族融合",政局长期稳定。在国际政治舞台上,喀麦隆坚持对外奉行独立、不结盟、灵活务实的全方位外交政策,十分重视地区合作,努力实现合作伙伴多样化。①

2014年,喀麦隆出台三年紧急计划(2015—2017年),重点关注城市发展、卫生、农业、公共设施、能源供应、供水、国防等领域,努力解决就业问题,提高人民生活水平。围绕上述发展规划,喀麦隆政府将促进经济增长和就业作为经济工作重心,加快实施紧急计划下的优先项目,推动经济保持小幅增长,但增速并未达到预期目标。近年来,政府在基建、反恐、应对英语区危机等方面的支出大幅增加,导致财政紧张,债务增长较快。但从长远看,喀麦隆经济结构相对多元,具备一定韧性和发展潜力,若政局保持稳定,经济增长尚有上升空间。

得天独厚的自然环境造就了"小非洲"——喀麦隆,这里有着丰富的自然资源、复杂多变的地形风貌和湿润多雨的热带气候。它是物产丰富的"中部非洲粮仓",是名副其实的"森林王国",也是人与自然和谐共生的"动物伊甸园"。

起源、自然条件和人文环境的差异造就了喀麦隆各个城市

① 《喀麦隆的昨天和今天》,http://cm. mofcom. gov. cn/article/ddgk/202103/20210303048212. shtml,2022年10月11日。

的独特风格。① 从"七丘之城"雅温得到历史古城丰班;从拥有浪漫海湾的维多利亚到位于喀麦隆火山旁的布埃亚市……近观有着"杀人湖"之称的尼奥斯湖的蔚蓝湖面,远眺有着"守护神"美誉的喀麦隆火山的奇特景观,喀麦隆的自然风光令人流连忘返、难以忘怀。

喀麦隆以战绩辉煌的国家足球队及独特的艺术风格为傲。这只世界瞩目的"非洲雄狮"曾 8 次进入世界杯决赛圈,入围次数居非洲首位。它那充满神秘和野性的音乐、舞蹈、绘画、雕刻等艺术形式是无可复刻的存在。在非洲文明和欧洲文明的双重影响下,喀麦隆的英语文学和法语文学不断发展,呈现出独特的韵味。此外,喀麦隆的历史上涌现出一批又一批的时代先锋,他们生于不同的时代,奋斗于不同的领域,却都怀揣一颗热爱祖国的赤子之心,为国家的发展贡献出了自己的一份力量。

---

① 姚桂梅、杨宝荣:《列国志·喀麦隆》,社会科学文献出版社 2010 年版,第 8 页。

一、当代喀麦隆概览

　　喀麦隆的宪法规定,共和国总统是国家元首、武装部队最高统帅,有权任免总理和根据总理的建议任命政府其他官员,颁布法律和法令,必要时可提前举行总统选举,宣布紧急状态。总统由选民直接选举产生,任期为 7 年,可连选连任。总统空缺时,由参议院议长代行总统职责。总理是政府首脑,领导政府工作,负责执行法律,并制定规章,任命行政官员。宪法规定,由国民议会和参议院组成的两院制议会行使立法权。国民议会每年召开 3 次例会,主要讨论和批准国家的年度财政预算,审议和通过法律草案。议员直接普选产生,任期为 5 年。

　　喀麦隆政局长期稳定。保罗·比亚自 1982 年起长期执政,其领导的喀麦隆人民民主联盟一党独大,执政地位稳固。比亚总统执政以来,实行"民族复兴"纲领,主张"民主化和民族融合",政局长期稳定。1990 年 12 月,喀麦隆正式开始实行多党制。在 1992 年举行的多党立法选举和总统选举中,比亚成功连任总统,组成了以执政党"喀麦隆人民民主联盟"为主体的多党联合政府。1997 年 10 月,比亚以 92.57％的得票率再次当选总统。2004 年 10 月,比亚以 70.92％的得票率第五次当选总统。2007 年 7 月,喀麦隆举行立法和市镇选举,喀麦隆人民民主联盟分别获得 85％和 83％的席位。2008 年 4 月,喀麦隆国民议会以压倒性多数通过了宪法修正案,取消了对总统任期次数的限制。在 2011 年 10 月 9 日的总统选举中,比亚以 77.99% 的得票率第六次当选总统。2018 年 10 月 7 日,时年 85 岁的比亚以 71.28% 的得票率在大选中以绝对优势第七次赢得总统选举。

本届政府于 2019 年 1 月组成,包括总理 1 人、国务部长 4 人、部长 35 人、部长级代表 8 人、国务秘书 10 人。总理为迪翁·恩古特·约瑟夫。

喀麦隆议会实行两院制,由国民议会和参议院组成,共同行使立法权。现行法律体系主要照搬法国等西方国家,门类比较健全。投资方面的法律主要有《喀麦隆共和国投资宪章》《喀麦隆共和国鼓励私有投资法》,其他重要法律包括税法、劳动法、石油法、矿业法、公共合同法等。

(一)政党

喀麦隆共有合法政党 298 个,主要政党如下:

喀麦隆人民民主联盟(Rassemblement Démocratique du Peuple Camerounais,简称 RDPC),是喀麦隆的执政党。其前身是 1966 年 9 月 1 日成立的喀麦隆民族联盟,1985 年 3 月 24 日改为现名,拥有 200 多万名党员。在 1990 年 12 月之前该党是喀麦隆唯一的合法政党和执政党。该党最高权力机关是全国代表大会,原则上每 5 年召开一次。截至 2024 年 1 月,该党在国民议会与参议院中分别占 152 席和 94 席,党主席为保罗·比亚。

全国民主进步联盟(Union Nationale pour la Démocratie et le Progrès,简称 UNDP),为参政党。1990 年 5 月成立,1991 年 3 月 25 日被批准为合法政党。该党在北方穆斯林居住地区拥有较大的影响力,在高层领导中有不少人是前总统阿希乔的支持者。该党派支持民族团结和统一,反对分裂,主张经济自由化和地方分权,支持严格地执行经济结构调整计划。1997年,该党曾与社民阵联手抵制总统选举。1998年1月,该党与喀麦隆人民民主联盟达成"政府共同纲领"后加入政府,成为参政党。该党在国民议会与参议院中分别占有7席和1席。党主席贝洛·布巴·迈加里是现任主管旅游和娱乐的国务部长。

社会民主阵线(Social Democratic Front,简称SDF),1990年5月26日成立,1991年3月1日正式成为合法政党。该党以"民主、正义、发展"为宗旨,主张恢复联邦制。曾经参与对1992年立法选举和1997年总统选举的抵制,在西部英语区和巴米累克人中拥有较大的影响力。党主席约翰·弗吕·恩迪于2004年和2011年参加总统选举。2018年10月,该党的第一副主席奥什·乔舒亚·纳姆邦吉参加总统选举,选票排名第四。该党在国民议会与参议院中分别占有5席和1席。

喀麦隆复兴运动(Mouvement pour la Renaissance du Cameroun,简称MRC),是主要反对党,2012年8月成立。该党主张发起广泛政治讨论,营造更为开放、民主的政治氛围。党主席莫里斯·坎图曾任联合国国际法委员会委员、司法部部长级代表等职,2018年10月参加总统选举,获得14.23%选票,排名第二。该党在国民议会中占1席,在参议院中无席位。

喀麦隆民主联盟(Union Démocratique du Cameroun,简称UDC),是反对党,1991年3月成立,1991年4月取得合法地位。该党主张建设一个和平、宽容、自由和正义的社会,实现在正义、平等和反对部族主义基础上的和平,在西部省份中具有一定的影响力。2004年,党主席恩达姆·恩乔亚以反对派联盟——民族和解与国家重建联盟的统一候选人身份参加总统选举,获得4.47%的选票,位居第三。2011年,他再次参加总统选举,获得1.73%的选票,位居第四。2018年,他又一次参加总统选举,获得1.73%的选票,位居第五。该党在国民议会中占有6席,在参议院中无席位。

喀麦隆人民联盟(Union des Populations du Cameroun,简称UPC),为参政党。1948年4月成立,曾为喀麦隆的独立做出贡献,1955年因从事反殖民斗争而被法国殖民当局取缔。1960年2月25日,该党在喀麦隆独立后正式成为合法政党。1966年9月,在时任总统阿希乔宣布实行一党制之后,该党被解散,领导人大多流亡国外。后来喀麦隆实行多党制,该党又重新恢复了活动,并于1991年2月12日取得合法地位。该党曾多次发生分裂,逐渐形成以总书记奥古斯坦·科多克、主席恩代·恩图马扎以及亨利·奥科贝·恩朗为首的三派。2000年1月,前两派宣布和解。该党在国民议会和参议院中各占1席。

(二)外交

喀麦隆奉行独立、开放、睦邻友好和平衡多元的外交政策,主张以和平的方式来解决国际争端,要求国际社会充分关注发展中国家的合理诉求,主张建立更加多元、公正的国际关系新秩序。喀麦隆积极参与地区的政治、经济一体化进程,重视发展睦邻友好关系,努力推动同非洲国家的团结和合作。

喀麦隆已与128个国家建立了外交关系。喀法关系密切,两国签署了多项合作条约和合作协定,主要涉及经济、财政、军事、司法等领域。法国在"减债促发展合同"框架下向喀麦隆提供了大量援助和贷款。喀麦隆是法国在中部非洲国家中的第一大贸易伙伴,法国主要在喀麦隆石油、天然气等领域进行投资,在港口、电力、铁路公路、通信等领域也举足轻重。2015年,时任法国总统奥朗德访问喀麦隆。2016年6月,比亚总统会见到访的法国外交部负责发展和法语国家事务的国务秘书瓦里尼。其间,喀法双方签署"减债促发展合同"第三期协议(2017—2025 年),在此框架下,法方将向喀方提供 4000 亿非洲法郎。2018 年 6 月,法国外交和欧洲事务部国务秘书让-巴普蒂斯特·勒穆瓦耶访问喀麦隆。2019 年 10 月,比亚总统夫妇出席在法国里昂举行的全球防治艾滋病、结核病和疟疾基金会第六次筹资会议。其间,比亚总统同法国总统马克龙会面。同月,法国外长勒德里昂访问喀麦隆。11 月,比亚总统应法国总统马克龙邀请,赴法国出席第二届巴黎和平论坛。

　　喀麦隆与英国的关系也很密切。1989 年 9 月,喀麦隆申请加入英联邦,1995 年 11 月 1 日获得批准。同年 11 月,比亚总统首次出席在新西兰奥克兰举行的英联邦第三十届首脑会议。英国向喀麦隆提供了许多技术上的援助,开展了许多涉及人权、良政、扶贫和高教等领域的合作项目。2006 年,英国免除了喀麦隆所有双边债务,共计 1.06 亿英镑。英联邦每年向喀麦隆提供 10 余个赴英国、加拿大和南非留学的名额。2014 年 5 月,英国外交部负责非洲事务的常务次官马克·西蒙斯访问喀麦隆。同月,喀麦隆总理菲勒蒙赴伦敦出席首届英国—喀麦隆贸易与投资论坛。10 月,英联邦议会大会在喀麦隆召开。2018 年 5 月,菲勒蒙总理代表比亚总统赴伦敦出席英联邦首脑会议。

　　喀麦隆同样重视发展与美国的关系,美国也把喀麦隆视作重点发展关系的非洲国家。喀麦隆前总统阿希乔曾四次访美。比亚总统上任后于 1986 年 2 月访美。美国对喀麦隆的援助主要集中在农业和卫生领域。2007 年,美国免除对喀麦隆共计 160 亿非洲法郎的到期债务。2014 年 8 月,比亚总统赴美国出席美非峰会。2015 年,美国向喀麦隆派遣一支无人机部队,协助喀麦隆打击恐怖主义。2016 年 11 月,比亚总统向美国新当选总统特朗普致贺电。2019年3月,美国助理国务卿纳吉访问喀麦隆。

德国是喀麦隆前保护国之一,喀德于1960年1月1日建交,双边关系密切,已建立政府间部长级会议机制。德国是喀麦隆接受公共发展援助的来源之一。德国对喀麦隆的援助主要集中于自然资源管理和保护、权力下放、医疗卫生等领域。

喀麦隆与欧盟关系也很密切,欧盟的前身欧洲共同体自1959年开始向喀麦隆提供援助。1975年起,欧洲共同体通过《洛美协定》向喀麦隆提供财政、技术援助和贸易优惠待遇等。2000年起,欧盟与喀麦隆在《科托努协定》框架下每半年举行高层政治对话,协商政治与法治建设等议题。2007年,喀麦隆与欧盟签署"经济伙伴关系临时协议",根据协议,自2008年1月1日起到喀麦隆正式批准"经济伙伴关系临时协议"之前,喀麦隆享受欧盟自由贸易优惠国待遇。2014年7月22日,喀麦隆总统批准了喀麦隆政府与欧盟签署的"经济伙伴关系临时协议"。

喀麦隆于1964年3月与苏联建交。1989年9月喀麦隆人民民主联盟青年组织代表团访问苏联。两国签有经济、文化和科技等方面的合作协定。苏联主要进口喀麦隆的咖啡、可可和木材,向喀麦隆出口汽车和冻鱼。苏联解体后,喀麦隆与俄罗斯保持外交关系。

喀麦隆与日本于1960年1月1日建交,日本将喀麦隆列为中部非洲重点援助国,喀麦隆视日本为东亚重要合作伙伴和援助来源国之一。日本对喀麦隆的援助集中在教育、农业、卫生、绿色发展等领域。喀日贸易额长年保持在100亿—200亿非洲法郎,其中日本对喀出口额占绝大部分,主要出口汽车和电子产品,喀麦隆对日出口额则连年下滑,主要出口原木、棉花等。

喀麦隆与韩国于1961年建交,两国关系良好,已建立经贸混委会和政府间磋商机制。1998年,由于经济原因,韩国曾一度关闭驻喀麦隆使馆。2008年复馆后,两国经贸关系发展迅速,双方合作涉及能源、通信、造船、汽车工业、农业、青年志愿者服务等多个领域。

喀麦隆对周边国家奉行睦邻友好的外交政策,努力推动同非洲国家的团结和合作,与其邻国乍得、中非、刚果(布)、加蓬、赤道几内亚和尼日利亚保持着较好的外交关系。巴卡西半岛领土争端顺利解决后,喀麦隆与尼日利亚双边关系得到了显著改善。周边国家特别是中非,由于战乱等原因,有大批难民涌入喀麦隆境内。

1971年3月26日,喀麦隆与中国建交,建交后两国高层频繁互访,极大地增进了两国人民之间的友谊。中国国务院总理李鹏(1997年5月)、朱镕基(2002年8月),国家主席胡锦涛(2007年1月),全国政协主席贾庆林(2010年3月),国务院副总理回良玉(2011年1月),国务委员刘延东(2011年12月),外交部部长唐家璇(2001年1月)、王毅(2015年1月),文化部部长蔡武(2010年5月),卫生部部长陈竺(2013年1月)等先后访喀。喀麦隆前总统阿希乔2次访华(1973年3月、1977年10月),现任总统比亚7次访华(1987年3月、1993年10月、2003年9月、2006年11月、2011年7月、2018年3月、2018年8月)。此外,议长卡瓦耶(1995年、1996年、2009年)、总理菲勒蒙(2015年)等先后访华。

(三)组织

喀麦隆全国共有6个劳动者工会组织,分别为喀麦隆劳动自由总联合会、喀麦隆劳动者工会联合会、喀麦隆自由工会联盟、喀麦隆独立工会联合会、喀麦隆劳动者总联盟和公共部门联合会。其中,喀麦隆劳动者工会联合会是喀麦隆最大的工会组织。

商业、工业、矿业和手工业商会(Chambre de Commerce, d'Industrie, des Mines et de l'Artisanat)的主要任务是:收集、处理、发布有关企业、产品和市场的信息;帮助创立企业和寻找合作伙伴;积极推动出口,组织各种展销会;发起和协调经济界人士开展国际交流;发放出口商品产地证明;等等。其总部位于杜阿拉,在全国设有代表处,组织机构有全体大会(160 名成员)、执行局(12 名成员)和 4 个独立分支(商业处、工矿矿业处、手工业处和服务处)。会长由总统任命。

企业家联合会(Groupement Inter-Patronal du Cameroun),于 1957 年 6 月成立,其前身是"研究和协调经济利益跨行业联合会",为非营利性组织,其宗旨是保护会员的经济和社会利益,主要工作包括研究促进企业经济和社会发展,代表会员与政府、劳动者工会、商会、媒体等进行沟通,向会员提供经济、法律、税收、社会等方面的信息,以及开展对外交流。工、商、服务等经济部门的 207 家企业为其成员(包括 15 个行业协会)。

农业、渔业、畜牧业和林业商会(Chambre d'Agriculture, des Pêches, de l'Elevage et des Forêts du Cameroun)的主要职责是代表生产者利益,推广使用新技术,促进农、林、牧和水产养殖业发展。作为农、林、牧业相关问题的咨询和磋商机构,其参与政府发展方针和政策的制定,收集、调查和研究农、林、牧业的发展情况,建立信息库,开展国际交流。商会总部在雅温得,并在各大区设有办事处。

尚塔尔·比亚基金会(Chantal BIYA Foundation)的主要宗旨是扶贫济困,帮助社会弱势群体与疾病、贫穷等做斗争。基金会的资金主要来自成员会费和各类捐赠。

（四）教育

喀麦隆以重视教育闻名非洲地区。在 1960 年独立之后的大部分时间里,喀麦隆的教育经费一直在各部门年度预算份额中名列前茅。2018 年,喀麦隆全国教育事业财政预算为 6372 亿非洲法郎,占当年国家预算总支出的 13.6%。喀麦隆政府一方面积极发展公立学校,另一方面允许教会等办学,并提供补贴鼓励私人办学。

喀麦隆教育分为学前教育、初等教育、中等教育和高等教育 4 个阶段,全国共有 15123 所小学、2413 所中学、8 所国立大学。学前教育法定入学年龄为 4 岁,学制共 3 年。初等教育阶段学制共 6 年。国家实施义务教育,适龄儿童可免费入学。完成初等教育阶段学习后,学生可在通过相应升学考试、交纳注册费和其他费用后进入中等教育阶段和高等教育阶段学习。喀麦隆独立前无高等学院,独立后于 1961 年创办了第一所大学——雅温得大学。雅温得大学是国家最高学府,1993 年分为雅温得第一大学和雅温得第二大学,其他 6 所大学为:杜阿拉大学、德昌大学、恩冈代雷大学、布埃亚大学、马鲁阿大学、巴门达大学。上述 8 所大学均为综合性国立大学,直属高等教育部。喀麦隆不同学校的收费标准不同,一般公立学校收费低于私立学校。据联合国儿童基金会 2014 年统计,喀麦隆全国人口文盲率为 24.1%、初等教育入学率为 95.5%。

（五）医疗

喀麦隆共有 2260 所公共医疗机构,分别为 4 所普通医院、3 所中心医院、14 所大区医院、164 所县级医院、155 个小区医疗中心、1920 个综合卫生中心。当地主要传染性疾病包括:疟疾、艾滋病、霍乱、黄热病、流行性脑膜炎、脊髓灰质炎等。

据世界卫生组织统计,2016 年喀麦隆全国经常性的医疗卫生支出占到了 GDP 的 4.69%,按照购买力平价计算,人均经常性医疗卫生支出为 169.3 美元。2021 年,喀麦隆人均预期寿命为 60 岁。

(六)治安

喀麦隆安全形势和治安状况总体较好,但局部地区安全形势严峻。极北大区有"博科圣地"极端恐怖组织活动,该地区是喀麦隆打击"博科圣地"的反恐前线。近年来,"博科圣地"对极北大区的恐怖威胁有所缓解,但零星自杀式袭击时有发生。西北大区和西南大区这两个英语区的安全形势持续恶化,当地分离势力和极端主义分子不断发动武装袭击,频繁袭击当地军警,绑架和伤害外国人。2018 年 5 月以来,在喀麦隆英语区施工的两家中资企业多次遭当地武装团伙袭击,所幸未造成人员伤亡。在几内亚湾喀麦隆靠近尼日利亚水域海盗活动猖獗,2018 年以来已发生多起海盗绑架中方捕鱼人员的事件。近年来,随着中喀合作的持续深入发展和中方在喀人员数量的增多,针对中国企业和相关人员的盗抢案件有所增多,但此类案件破案率极低,需要同胞们加强自我防范。

近年来,为提高社会治安水平,喀麦隆政府做了很多工作。例如定期开展严打活动、增设警察分局、改善警察装备、设置交通盘查等。根据 1973 年 10 月 22 日颁布的第 73/658 号法令,喀麦隆严格限制居民持有枪支,但在实际生活中枪支弹药的管理情况并没有达到预期。联合国毒品和犯罪问题办公室(UNODC)的统计数据显示,2017 年喀麦隆共发生谋杀案件 341 起(每 10 万人比率为 1.40),袭击案件 4458 起(每 10 万人比率为 18.53),绑架案件 859 起,抢劫案件 4458 起。

二、大自然给喀麦隆的慷慨馈赠

非洲地大物博,资源丰富。流淌着的世界第一长河尼罗河是孕育世界古代文明的摇篮之一;屹立着的非洲第一高峰乞力马扎罗山素有"非洲屋脊"的雅称;镶嵌在东非高原的世界第二大淡水湖维多利亚湖风光绮丽,湖水清澈。得天独厚的地形优势是非洲矿产、水力、农业和林业等自然资源丰富的原因之一,世界上最重要的 50 多种矿产资源非洲都不缺少,甚至至少有 17 种矿产的蕴藏量居世界首位。有着"小非洲"之称的喀麦隆拥有优越的自然条件,其丰富的自然资源好似非洲自然资源的缩影,在那里咖啡、香蕉、原油、天然橡胶、铝土矿、铁矿石、木材等数不胜数。

海滩、沙漠、高山、雨林、草原和火山组成了喀麦隆复杂且多变的地形风貌,但概括起来不过是一座高原、一条河流、一座火山。以火成岩为主的阿达马瓦高原土地肥沃、层林叠翠、群峰染绿。山上奔腾的激流涌向南侧谷地,汇成了喀麦隆的母亲河——萨纳加河。漫步海边,云雾缭绕之中矗立着西非的最高峰——喀麦隆火山,大山兀然而立,山峰深藏云端。

自北向南,炎热的热带草原气候过渡为湿热的热带雨林气候,这里大部分地区的年降水量达到 1000—4000 毫米,然而喀麦隆火山山麓全年的降雨量竟高达 1 万毫米,可谓是世界上降雨量最多的地区之一。

对喀麦隆而言,现已开发的或已探知的丰富自然资源,仅是冰山一角。喀麦隆沿海地区土地肥沃、物产富饶,可可产量位居世界第四位。喀麦隆作为"中部非洲粮仓",它的农业和畜牧业是国民经济的支柱产业,主要农产品有香蕉、棉花、咖啡、大米、花生、烟草、橡胶、棕榈等。西部、北部和阿达马瓦大区还有牛、马、猪、山羊、绵羊等牲畜出口至刚果。

奔涌在喀麦隆高原山区的激流瀑布为喀麦隆带来了丰富的水力资源,其可开发利用的水力资源达 2080 亿立方米,水电总蕴藏量达 55.2 吉瓦,占喀麦隆总发电量的 72%。理论上蕴藏的发电潜能为 29.4 亿兆瓦时/年,但受限于技术条件,技术上可行的发电潜能为 11.5 亿兆瓦时/年(相当于 13.128 万兆瓦),因此,实际利用的只有约 800 兆瓦。萨纳加河在高原、丘陵上奔腾,化作急流和瀑布一泻而下,有着巨大的水力发电潜力。埃代阿、松卢卢建有两座大坝用于发电,另一座位于萨纳加河纳赫蒂加尔的大坝正在建设中。此外,洛姆河的潘噶尔、韦纳河瓦拉卡的比尼、恩顿河的芒维勒以及卡代河都具有发展水力发电的潜能。

喀麦隆高原美丽的山坡上镶嵌着蓝色水晶般的尼奥斯湖,这座能够喷发的湖泊好似鲜艳的毒苹果,诱人却危险。此类型的湖泊全世界只有三个,仅喀麦隆就独占其中两个,另一个是位于卢旺达与刚果边境的基伏湖。

矿产业是喀麦隆最具投资潜力的领域。喀麦隆已探明的主要矿藏包括:铁矿(储量约 50 亿吨)、铝矾土(储量约 11 亿吨)、金红石(储量约 300 万吨)、铀矿(储量约 2 万吨)。此外,喀麦隆的矿产资源还包括锡、镍、钴、黄金等金属矿产,以及钻石、大理石、石灰石、云母等非金属矿产。除钻石、黄金外,大部分矿藏尚处在勘探或筹备开采阶段。

喀麦隆石油储量约 1 亿吨,天然气储量约 5000 亿立方米。

近年来,喀麦隆原油年产量有所下降,2015 年喀麦隆原油产量为 3500 万桶,2019 年约为 2650 万桶。2019 年喀麦隆天然气产量为 22.3 亿立方米,较 2018 年增长了 28.29%。特许石油开采区主要集中在西南大区的里奥-德尔雷以及滨海大区和南部大区的杜阿拉/克里比-坎波盆地。

东部是喀麦隆金矿最集中的地区,尤其是其与中非以及乍得接壤的边界附近。贝塔雷-奥亚地区东北 30 千米处的原生金矿床似乎与硅质的流体有关。这些细脉中黄金的含量一般可达到 9 克/吨。该矿床的黄金储藏量预估为 3 吨。喀麦隆仍采用与开采金刚石相同的手工方法开采砂金。用手工方法开采的砂金产量约为每年 1 吨。开采的地区包括东部、北部和阿达马瓦,全国约有 15000 人从事采金业。

在喀麦隆,比扎尔和比乌这两个采石场里大理石的储藏量达到 250 万吨。鉴于近十年来,通过杜阿拉港进口的水泥熟料持续增长,喀麦隆政府打算用当地生产的大理石替代水泥熟料,从而降低水泥熟料的进口。此外,白榴火山灰也被用于水泥生产。北部地区杜阿拉至恩康桑巴铁路附近的德约乌恩哥采石场的白榴火山灰储量,一般认为达到百万吨级。德约乌恩哥采石场的白榴火山灰年产量为 15.2 万吨,它们主要供给杜阿拉水泥厂。

森林是喀麦隆另一项极为重要的自然资源。喀麦隆森林储量排名世界第 10 位,是名副其实的“森林王国”。约占国土面积 47.3% 的 22.5 万平方千米的森林实属令人惊叹,但更令人惊叹的是其中 80% 可供开采。木材蕴藏量达 40 亿立方米,并且包括黑檀木、桃花心木等名贵木材。原木及各类木材制品“顺理成章”地成为除石油类产品以外的第二大出口商品,约占出口总额的 24%。

　　"森林王国"拥有南部(杜阿拉—雅温得—贝尔图阿以南)和中部(中轴线以北)两大林区,它们分别拥有4.9万平方千米和1.2万平方千米的永久性林地,5.2万平方千米和4.8万平方千米的非永久性林地,3.7万平方千米和2.5万平方千米的保护区。

　　喀麦隆森林树种繁多,但是只对其中70多个树种进行了开发,约占有经济和商业开发价值的树种的20%。白梧桐、筒状非洲楝、大绿柄桑、翼红铁木、科特迪瓦格木、艳丽榄仁、非洲桃花心木等名贵树种被大量开采,占开采总量的70%以上。

　　喀麦隆不仅是资源宝库,更是"动物伊甸园"。在这个国家你几乎可以看到非洲大陆所有的野生动物:红帽白眉猴、黑猩猩、大猩猩、狮子、大象、长颈鹿、黑犀牛、羚羊、松鼠、青蛙、蛇以及种类繁多的鸟类。喀麦隆是世界上野生动物种类最多的国家之一,拥有灵长类动物29种,居世界第三位。

　　观看壮观的动物大迁徙是喀麦隆旅游业的一大特色。昔日的南喀麦隆有大批野生动物,但到了20世纪数量已大为减少。大自然给了喀麦隆最好的馈赠,喀麦隆人民对自然报以崇高的敬意:在南部的贾河动物保护区和北部的瓦扎国家公园里,有许多动物得到了特别的保护。贾河动物保护区的动物数量和种类都十分可观:既有体格庞大的动物,如森林大象和野牛,又有类人猿类动物,如大猩猩;既有像长尾猴和金丝猫一样的珍稀动物,又有保护区内特有的鳄鱼、陆地龟、蜥蜴、变色龙、蛇以及其他两栖动物。鸟类的品种包括犀鸟、鹦鹉、猫头鹰等。由于地域广阔、森林茂密、气候潮湿等原因,至今未能查明贾河动物保护区内究竟有多少种野生动物,每一种野生动物的数量是多少。但就已经掌握的资料来看,保护区内野生动物不少于

62 种,其中鸟类约占 21 种。[1]

　　虫鱼鸟兽们也在这原始的国度中"安居乐业"。研究数据显示,2001 年喀麦隆拥有至少 542 种鱼类,其中 96 种为特有品种。喀麦隆还拥有超过 15000 种鳞翅目昆虫,280 种哺乳动物(包括最大种类和最小种类),275 种非洲爬行动物中的 165 种,3 种鳄鱼,以及 190—200 种蛙类。此外,喀麦隆拥有至少 900 种鸟类,其中 750 种长期生活在喀麦隆境内,另外 150 种为候鸟。

　　一般而言,丰富的自然资源是国家实现经济持续、健康、快速发展的重要前提。喀麦隆虽然拥有丰富的自然资源,但仍属于中低收入国家。国民较为贫穷,医疗水平、教育水平落后。但不可忽视的是,近些年来,喀麦隆的工矿业及旅游业发展迅速,在经济发展中扮演着越来越重要的角色。只是若要摆脱贫穷、走向小康,喀麦隆人民还有很长的一段路要走……

---

[1]　姚桂梅、杨宝荣:《列国志·喀麦隆》,社会科学文献出版社 2010 年版,第 29 页。

三、七丘之城——雅温得

作为喀麦隆的首都,雅温得这座拥有 253.8 万人口的城市是全国当之无愧的政治、文化中心和交通枢纽。但仅仅用"首都"一词代指它似乎过于寻常,雅温得的独特魅力不止于此,它有一个响当当的名号——七丘之城。市内冈峦重叠,有 7 座海拔超过 700 米的山,市区分布在 7 座山头上,一条条山路把七座山连成一片。山路两旁矗立着高大挺拔、俨若卫士的椰子树与硕果累累、香气四溢的杧果树,景色美丽,独具风光。其中埃努姆丹山顶为全市最高点,海拔 1200 米。从山顶俯视,鳞次栉比的住房依山而建,层次分明地掩映在绿树丛中。

雅温得地处赤道附近,又毗邻几内亚湾,雨量充沛,全年降雨 130 多天,雨量 1600 毫米左右。雅温得西距杜阿拉约 200 千米,萨纳加河和尼昂河在它的两侧蜿蜒流淌着。由于地势高又多雨,雅温得的气候比较凉爽。

雅温得的历史可以追溯到土著埃旺多族聚居的村落,其名称是由"埃旺多"的读音演化而来的。在被德国占领前,这里是土著埃旺多族和巴内族安居的乐土。雅温得始建于 1880 年。1884 年 5 月,德国宰相俾斯麦任命曾经担任驻突尼斯总领事的探险家古斯塔夫·纳赫蒂加尔为驻西非总领事,自此德国在西非地区的殖民扩张全面展开。1889 年 3 月,德国殖民者从当地部族首领手中攫取了这片土地,并在此设立军事考察站——雅温得站,正式开始对雅温得地区的管理统治。德国等列强的入侵打破了部落原始而静谧的生活,但也带来了西方的文明成果。殖民者推动了雅温得城市及各项基础设施的建设,也培养了一批本地教师、商人、政府官员和传教士,创建了一个组织严密、效能较高的殖民地官僚政治机构。在"一战"结束后,德国海外殖民体系土崩瓦解,德国对雅温得的统治也随之结束。在继承德国殖民遗产的基础上,法国前期稳固统治和建设殖民地的成本大幅下降。在法国殖民统治的 40 余年间,雅温得现代化、城镇化进程不断加快,城市规模进一步扩大,城市功能逐步完善。

1960 年,喀麦隆取得了独立,成立"喀麦隆共和国",雅温得被定为首都。经过 60 多年的建设与发展,雅温得已成为一座现代化城市,市区西部是行政区,东部是商业区。现代工业有食品、纺织、化学、机械、木材加工、造纸、建材等。著名的雅温得大学和许多文化、教育、科研、出版、新闻等机构均设在这里,并建有黑人艺术博物馆。

雅温得的经济支柱产业包括烟草业、制酪业、酿造业、玻璃制品业和木材业等。同时雅温得也是咖啡、可可、干椰子仁、蔗糖和橡胶的地区性供给中心。雅温得地区土地贫瘠,人口高密度又高,农民种植可可的收益不及其他地区,因此,雅温得农民的收入比邻近地区要低,他们不得不去城市寻找新的机会。

雅温得地区金红石矿藏资源丰富,喀麦隆曾是世界第三大金红石生产供应国。但好景不长,1955—1958 年期间,开采活动开始减少,且由于技术限制,迄今为止都没有重新开采金红石。金红石开采的减少不仅影响了雅温得的经济发展,还在一定程度上阻碍了军工、航空航天事业的发展。因为金红石是一种重要的金属矿物,是电焊条必需的原料,从中提炼的钛被广泛用于军工、航空航天等方面。①

作为首都的雅温得不如喀麦隆第一都会杜阿拉来得热闹，它更像是一位步履稳健的长者，在看遍世间的喧嚣后气定神闲、泰然自若。临近的巴斯托斯是外国使馆区域，那里有一个大型的欧洲人社区（居住者大多是从事外交工作的人员）和一些富有的喀麦隆人居住的高级住宅，是名副其实的都市富人区。

从早到晚，一座圆形的建筑物里一片熙攘，热闹非凡。这里就是中央市场，坐落于繁华的市区东部，其建筑面积达12630平方米，共5层，有390家店铺在楼内营业。因这里大部分商贩为妇女，故又名为"妇女市场"。它是在一个杂乱无章的老市场的基础上改建而成的，如今是家庭主妇日常购物的必到之地，也是旅游者光顾的重要旅游点。

市区西部是行政区，环境安静，是总统府、国民议会、政府各部以及高等院校和科研机关的所在地。政府办公楼和新建的总统府，与中国政府援建的首都文化宫遥相呼应，大型的高档酒店和中央市场也在该区域。中国政府援建的首都文化宫是雅温得几大现代建筑之一，是喀麦隆举行国际会议的重要场所，也是有名的文化活动中心，被喀麦隆人誉为"友谊之花"。它如仙鹤一般伫立在钦加山巅，从市内的任何角度均可望见这座白色建筑。在首都文化宫西北角的另一个山头上，矗立着新建的总统府。两座建筑物遥相对望，宛如一对犄角，巍峨壮丽，是当地著名的地标。

统一纪念塔是市内著名的纪念性建筑。刚一进塔门，便看

---

① 蔡阳辉、何亦成：《喀麦隆雅温得市金红石矿资源勘查与开发》，《资源节约与环保》2014年第12期。

见一组石刻群雕,居中的是一位高举火炬、留有髯须、身体健壮的老人,他的周围围绕着一群稚嫩的儿童,仰望着他手中的火炬。这些儿童象征着喀麦隆的 18 个主要民族和当时全国的 7 个省,老人则代表着祖国,熊熊燃烧的火炬象征着希望和未来。在石刻群雕的后面,是一座螺旋形的纪念塔。该纪念塔是由喀麦隆建筑师姆旺格设计的,塔身由两座互相缠绕的阶梯组成,象征着密不可分的东喀麦隆和西喀麦隆。阶梯盘旋而上,最后会合于顶端,直指云霄,这是对国家最终实现统一的美好愿景。走进塔底的展览厅,四周的墙壁上镶嵌着各样的装饰画,极具喀麦隆风情。大厅的两旁有可登塔顶的螺旋形阶梯。塔尖是一个可转动的灯。整个建筑体现了喀麦隆人民对祖国实现统一和富强的向往,也寄托着喀麦隆各民族人民团结、和睦精神代代相传的美好愿望。

雅温得会议大厦是中喀友谊的象征。坐落在雅温得西部恩孔卡纳山上,总建筑面积为 30797 平方米。它虽非摩天大楼,但里面大有乾坤。它的主体结构包括一个能容纳 1502 人的大会堂、一个能容纳 1000 人的宴会厅、一个能容纳 400 人的国际会议厅、两个能容纳 100 人的会议室和一幢 7 层楼房。外廊、庭院、旗台、喷水池、花坛等与主体建筑形成一个巍峨壮观的整体。这栋大楼自 1982 年建成并移交喀方以来,一直作为举办各种重要的国际和国内会议以及大型娱乐活动的场所,它见证了喀麦隆一步一步地成长,在喀麦隆政治、经济、社会和文化生活中发挥着越来越重要的作用。

雅温得作为全国的枢纽,其交通也比较便利。雅温得拥有两个机场:一个是民用的国际机场——雅温得恩西马兰国际机场,另一个是军用的雅温得机场。除了铁路连接杜阿拉和恩冈代雷外,特快巴士穿梭于雅温得和杜阿拉之间,将首都与第一经济之城紧紧相连。

　　中国跟非洲的渊源很深,在20世纪70年代中国就已经开始勒紧裤腰带援助非洲建设,如修建了著名的坦赞铁路。在雅温得大学,中国援建的第一所汉语培训中心吸引了来自6个非洲国家的学生前来学习中文,承载着悠悠五千年中华文化的神秘东方文字打开了喀麦隆学生了解新世界的大门,由此在喀麦隆掀起了一股"中国热"。①

　　中国沈阳与喀麦隆雅温得,这两座跨越几千千米、时差相差7个小时的城市结成友好关系。2000年,雅温得市市长埃马·巴斯尔率雅温得政府代表团正式访问沈阳,时任喀麦隆驻华大使埃莱·埃利·埃蒂安也曾多次对沈阳进行工作访问。高层之间的访问极大地推动了沈阳与雅温得之间的交流合作。在教育交流方面,沈阳大学与雅温得第一大学建立了友好校际交流关系。

　　在新冠病毒肆虐的2021年,包括喀麦隆在内的非洲地区的疫苗存有量和接种率都很低。而面对疫情反复,接种疫苗是抗疫最有效的手段之一。2021年12月14日,中国政府援助喀麦隆的两批新冠疫苗运抵首都雅温得恩西马兰国际机场,这也是喀麦隆收到的首批国外援助的疫苗,这对于处于"水深火热"中的喀麦隆人民来说可谓是一场及时雨。②

---

　　①　姚桂梅、杨宝荣:《列国志·喀麦隆》,社会科学文献出版社2010年版,第8—10页。
　　②　罗毓:《中国援助喀麦隆新冠疫苗运抵雅温得》,https://baijiahao.baidu.com/s? id＝1719171759578508930&wfr＝spider&for＝pc,2023年6月20日。

四、"小非洲"之旅

　　地处赤道北部,位于西非和东非的十字路口,从几内亚湾底部延伸到乍得湖,喀麦隆拥有丰富多样的旅游资源,有"小非洲"之称。喀麦隆自然风光旖旎,人文景观迷人,既有风光秀丽的热带雨林,又有阳光充足的沙滩,旅游资源丰富。北部有闻名遐迩的瓦扎国家公园,林木葱茏,水草丰美,众多珍禽异兽在这里繁衍生息。东部的原始森林,广袤苍莽,空气清新,环境静谧,林中猴子攀树觅果,小鸟啁啾枝头。西南部的海滨城市克里比,椰树随风摇曳,海水轻吻金色沙滩,令人流连忘返。洛贝河口的瀑布从东向西奔腾而来,注入大海。班琼酋长国有雕梁画栋的传统建筑。被联合国教科文组织列入人类文化遗产的巴蒙酋长国,更是充满着神秘色彩,令人神往。① 依托于它的地形、气候,喀麦隆的自然物种以及人文景观都具有多样性。喀麦隆融合约 240 个部族,不同的民族有不同的习俗和传统,这都反映在他们的生活方式中。文化旅游的丰富性来自生活艺术、传统建筑、民俗和美食的多样性,还来自丰富的文化遗产。②

　　喀麦隆政府十分重视旅游业的发展,成立了以总理为主席的国家旅游理事会,甚至还在国外开设旅游代表处来鼓励私人

---

　　① 　姚桂梅、杨宝荣:《列国志·喀麦隆》,社会科学文献出版社 2010年版,第 254 页。

　　② 　《喀麦隆,惊人的旅游多样性》,https://www.spm.gov.cm/site/?q=fr/news-categories/attractions-touristiques,2022 年 5 月 22 日。

资本投资旅游业。多年前,比亚总统在摆脱经济危机的 10 条举措中,曾将振兴旅游业摆在第 5 位。此后,他又签署了法令,要求重组旅游部,以提高该部的能力和重要性。经过近 10 年的努力,喀麦隆的旅游业已经取得可喜的进步。国家还每年投入 30 多亿非洲法郎用于建设各种旅游设施和开展旅游运营。① 2017 年,喀麦隆旅游业收入为 6312 亿非洲法郎,占国内生产总值的 3.2%,旅游业领域就业人口为 60.45 万。② 2020 年,喀麦隆的国际旅游收入为 43700 万美元。③ 除了传统旅游项目之外,喀麦隆的山地旅游、温泉疗养旅游、文化旅游和会务旅游等正吸引着越来越多的游客。④ 2018 年,喀麦隆共有 1721 家宾馆和 837 个旅游景点,共接待国际游客 81.2 万人次,国内游客 487 万人次。⑤

历史古城丰班位于喀麦隆西部,是喀麦隆巴蒙酋长国的首府。传说骁勇的喀麦隆巴蒙部族首领恩萨尔率领族人先后征服了 18 个部落,于 14 世纪建立了巴蒙酋长国,定都姆菲姆班。"丰班"就是"姆菲姆班"的变音。追溯巴蒙王朝的历史,这个王朝有 19 位苏丹,其中第 11 代苏丹姆勃维·姆勃维为抵御外敌

---

① 姚桂梅、杨宝荣:《列国志·喀麦隆》,社会科学文献出版社 2010 年版,第 254 页。

② 《喀麦隆》,https://cs. mfa. gov. cn/2ggmcg/ljmdd/fz_648564/ kml_649931/,2023 年 10 月 30 日。

③ 《喀麦隆国际旅游:旅行项目收入》,https://www. ceicdata. com/zh- hans/cameroon/tourism-statistics/cm-international-tourismreceipts-for- travel-items,2023 年 03 月 12 日。

④ 姚桂梅、杨宝荣:《列国志·喀麦隆》,社会科学文献出版社 2010 年版,第 255 页。

⑤ 《喀麦隆》,https://cs. mfa. gov. cn/2ggmcg/ljmdd/fz_648564/kml _649931/,2023 年 10 月 30 日。

入侵,在丰班城周围挖掘了双道护城沟,沟与沟之间又挖了许多长方形的大坑。数百年之后的今天,护城沟还清晰可见。如今丰班城楼房林立,绿树成荫,街上行人熙熙攘攘,颇为热闹。

丰班城里有一座庄重华丽的巴蒙苏丹宫殿,离宫殿不远的茅草亭中有一座身着长袍、头缠长巾、怒目而视的巴蒙苏丹雕像。宫殿的左边是巴蒙苏丹陵园。前面是馆藏资源丰富的历史博物馆,里面陈列着巴蒙苏丹的宝座,巴蒙人的磨盘、砍刀、长矛、火枪,以及用巴蒙文字书写记载的书籍,等等。宫殿周围环绕着清真寺和教堂。巴蒙人的手工艺品闻名遐迩,无论是木刻还是骨雕,都形象、逼真、传神,惹人喜爱。巴蒙第 17 代苏丹恩乔亚在位期间主持创造了巴蒙文字,这是非洲各民族中唯一一种由非洲人民自己创造的文字。他还主持编纂了巴蒙药方,整理民间故事和寓言。他用巴蒙文编写的《巴蒙历史与习俗》一书,对研究非洲社会和文化有着极其重要的价值。

有着"浪漫海湾"之称的维多利亚位于喀麦隆西南部,面朝几内亚湾,背靠喀麦隆火山。昔日渺无人烟的荒山野地,今天已成为拥有 6 万多人的小都市。蜿蜒曲折的海岸,形成一个个美丽的海湾。海滨高大挺拔的棕榈树迎风摇曳,树林下是褐色的细沙海滩,旁边建有供游客休息的设施。在海湾口,隔海横卧着一排排岛屿和礁石,游人可乘独木舟到岛上游玩,风和日丽时还可隔海遥望赤道几内亚的首都马拉博。市内的现代化高层建筑又别有一番风味:渔港附近,从早到晚人头攒动,妇女们就地摆摊,出售当地的香蕉、菠萝、椰子等热带水果。男人们则叫卖着刚打捞上来的新鲜海鱼。城市附近的维多利亚种植园面积广阔,达百余平方千米,1858 年由英国传教士艾尔弗雷德·萨克尔创建,1960 年喀麦隆独立后收归国有。园内有热带植物 1500 多种,让人目不暇接,有油棕榈、橡胶、胡椒等热带植物和香蕉、菠萝等热带水果。园内还有战士陵墓和一座造型别致的圆形剧场。

有着"火山之城"之称的布埃亚位于喀麦隆西南部喀麦隆山的东麓,城市坐落于海拔近 1000 米的山腰上,东距杜阿拉100 千米左右。小城掩映在绿树丛中,花开遍地,流水潺潺。一幢幢绿篱红瓦的房屋依山而建,显得格外秀丽与恬静。站在城区高坡上,眺望远方,远处的喀麦隆火山像半个大鸭蛋,火山海拔 4070 米,山峰直插云霄,气势磅礴。在古代传说中,喀麦隆火山被称为"神之战车"。公元前 5 世纪初,这座世界著名的活火山就吸引着北非古国迦太基的航海家哈农来到这里一睹真容,留下了观察这座火山喷发的记载。自 20 世纪以来,火山先后喷发过 5 次,1957 年的那次规模最大,前后持续一个多月。火山喷出的熔岩宽达 115 千米,厚 13 米,留下 4 个火山口。1982 年火山又爆发,并长期活动。山坡一带,土壤肥沃,雨量充沛,是喀麦隆盛产香蕉、橡胶、油棕榈的宝地。

有着"港口都市"之称的杜阿拉是喀麦隆的经济中心,也是全国最重要的港口城市,工商业发达,位列 2019 年全球城市500 强榜单第 402 名,其在喀麦隆的地位相当于中国的上海。杜阿拉属滨海大区武里州,面积为 1000 平方千米(城区 250 平方千米),辖 12 个区,人口为 250 万(每年以 7% 的速度递增)。

杜阿拉历史上曾是一个小渔村。16—19 世纪,该地是欧洲列强入侵和贩卖黑奴的据点之一。"一战"后,法国殖民势力取代德国殖民势力,开始开发港湾和修建码头。随着铁路和海港的建成,这里的商业和手工业随之繁荣,杜阿拉逐渐发展成为喀麦隆重要的商贸都市。"二战"时期,杜阿拉成为法国戴高乐将军领导的"自由法国"运动的重要基地之一。

杜阿拉的主要大道是夜生活的主要场所,那里有喀麦隆最高档的餐厅、咖啡馆和法式点心坊,在城市的滨水区域有一些酒吧和夜总会。在杜阿拉,足球是非常普及的体育活动,这里培养出多名喀麦隆国脚。杜阿拉有三支甲级联赛球队,分别为卡吉体育学院队、杜阿拉星队和杜阿拉联合足球俱乐部,其中杜阿拉联合足球俱乐部曾获得过非洲足球俱乐部的最高荣誉——非洲俱乐部冠军杯和非洲优胜者杯的冠军。

喀麦隆南部高原的中心区域,是喀麦隆所有受保护的遗址中覆盖面积最大的一处。这里的贾河动物保护区在热带非洲地区占据着极为重要的地位。贾河及其支流纵横交错,形成保护区特有的水文地理网。保护区内热带森林浓密苍郁,野生动物数量和种类众多,有大象、野牛、大猩猩、黑猩猩、鲜鱼、陆地龟、变色龙等。长毛尾猴、金猫等则是罕见的珍奇动物。鸟类中常见的有犀鸟、猫头鹰等。在这里已查明的动物有 62 种,其中鸟类 21 种。1987 年贾河动物保护区被联合国教科文组织作为自然遗产列入世界遗产名录,每年都吸引大批来自世界各地的游客。

瓦扎国家公园是喀麦隆的野生动物园,位于喀麦隆北部,占地 170 平方千米,建于 1934 年。公园分为两部分:西部是森林地带,东部是辽阔的草原。园内奇花异草,瑰丽芬芳,每年6—11 月是旅游观赏的好季节。公园里的鸟类很多,这里既是它们倦飞歇脚之地,也是筑巢栖身之处。水池四周有许多鹤、苍鹭和珍珠鸡。游人漫步其中,不时可以听到它们欢快清脆的鸣叫和鼓翼飞动的声音。

喀麦隆是个多火山国家,30 余座蓝宝石般的火山湖散落在群峰之中,似是天神遗落人间的宝物。尼奥斯湖就是其中的一个。尼奥斯湖的前身是个火山口,久未喷发,积水成泽而形成火山湖。它的表面一马平川,明镜一般的蔚蓝湖面宛如仙境。

然而在 500 米深的湖底,却溶解了数十亿吨的二氧化碳和甲烷,并且浓度仍然在不断上升,是有名的"杀人湖"。在距湖区 1.6 千米处的山谷中,有一个叫下尼沃斯的村庄。1986 年 8 月 21 日深夜,尼奥斯湖在一片静谧中闪烁发光,接着从湖面升起一股气柱,形成 50 余米高的气团。这气团像原子弹爆炸那样,夺走了下尼沃斯村庄所有人的生命,而建筑物却安然无恙。散布在田野里的 3000 多头牲畜也全部丧生,在灼热的阳光下腐烂发臭,却没有苍鹰和苍蝇来啄食,因为这些食腐生物也都丧生了。后来,政府在湖中增设了 4 处虹吸装置,不间断地抽取毒气,以防"杀人湖"再次喷发毒气。

五、绿茵场上的"非洲雄狮"

虽然喀麦隆的基础体育设施老化,缺少高水平的体育场,喀麦隆年轻人没有专业的训练场地,但这些都没有影响喀麦隆人民对体育运动的热爱。喀麦隆国家男子足球队参加过1996—2010 年历届非洲国家杯决赛阶段的比赛,共 8 次晋级世界杯决赛(1982 年、1990 年、1994 年、1998 年、2002 年、2010年、2014 年,2022 年)。他们是第一支打进世界杯 8 强的非洲球队,还曾获得过 5 次非洲国家杯冠军和 2000 年悉尼奥运会男足金牌。这曾经让世界以为足球的未来在非洲,喀麦隆因此被誉为"非洲雄狮"。

早在 1880 年,德国人就把足球运动引入喀麦隆,但喀麦隆的首场足球比赛直到 1926 年才举行,这场比赛是在法国殖民者和土著居民之间进行的。从那时起,足球锦标赛开始举办,初期主要在雅温得进行;后来,杜阿拉和其他地区的足球队也参加了该项赛事。

喀麦隆国家男子足球队成立于 1972 年 10 月 31 日。1972—1978 年是喀麦隆国家男子足球队遭受严重危机的阶段,辜负了官方和支持者的期望。但自 1979 年开始,喀麦隆国家男子足球队开始在非洲大陆和世界足坛展现他们的雄姿,曾获得在利比亚举行的第 13 届非洲国家杯参赛资格,赢得 1984 年、1988年、2000 年、2002 年、2017 年非洲国家杯比赛冠军。截至 2023年,喀麦隆国家男子足球队已经 8 次闯入世界杯决赛圈,是进入决赛圈次数最多的非洲球队,达到了整个非洲足坛的巅峰。喀麦隆足坛名将除罗杰·米拉外,还有奥马姆·比耶克、萨缪尔·埃托奥、里格贝特·宋、帕特里克·姆博马等。足球为喀麦隆带来了诸多荣耀,因此喀麦隆国家男子足球队早已成为喀麦隆的国家名片。

"非洲雄狮"的战绩给人留下了深刻的印象,其在1990年世界杯上的异军突起是喀麦隆足球史上浓墨重彩的一笔。1982年,喀麦隆队首次进入世界杯决赛圈,小组赛与波兰队、意大利队、秘鲁队踢平,以少一个进球的微弱劣势排在小组第三,未能跻身12强。随后的喀麦隆队迎来了触底反弹,"非洲雄狮"的骄傲终于在1990年意大利世界杯上展现。在揭幕战中,喀麦隆队大爆冷门,以1∶0的成绩击败了马拉多纳领衔的阿根廷队,这一战绩也被列入世界杯历史上最大冷门之一。喀麦隆队以小组第一的成绩打入第二轮;在第二轮淘汰赛中击败哥伦比亚队,成为第一支率先进入世界8强的非洲球队;最后在1/4决赛中,以2∶3负于英格兰队。此次征战,喀麦隆队遗憾地止步于此,但他们在这届比赛中出色的表现,让世界足坛真正开始注意到了非洲力量的崛起。

如果要问谁是世界杯历史上最神奇的替补?答案非"米拉大叔"莫属。在1990年的这届世界杯上,罗杰·米拉在5场比赛中都是作为替补出战,但他总共打进了4球,甚至在2场比赛中还独中两元。当然,更令人难以置信的是,当时米拉已经38岁了,在这样的年纪还能在世界杯比赛中有如此超凡的表现,实属神奇。

1952年5月30日,米拉在喀麦隆首都雅温得出生,最初他的名字是"米勒"(Miller),但为了让自己的名字听上去更有"非洲味",他就给自己改了名。米拉生活在一个普通的家庭,他的父亲是一名铁路工人,小时候他就习惯在铁轨边光脚踢球。13岁那年,球技出色的他同国内的杜阿拉埃克莱尔队签约,正式开启了自己传奇的足球生涯。18岁时,他助力该队夺取了全国联赛冠军,后来他加盟了雅温得闪电队,并入选了喀麦隆国家男子足球队。1976年,十分受欢迎的米拉当选了"非洲足球先生"。1977年,米拉开始闯荡欧洲足坛。他先后效力于瓦朗谢纳队、摩纳哥队和巴斯蒂亚队,可惜都未找到感觉。后来在蒙比利埃队里他又找回了当初的感觉,焕发了新生,成为该俱乐部历史上的一个传奇人物。

1978年7月,米拉首次代表喀麦隆队出战非洲国家杯,在首秀中破门,后来凭借着自己的实力一直担任国家队的主力。在1982年世界杯预选赛中,他打进了6球,助力喀麦隆队首次拿到闯进世界杯的机会。1987年他曾退出国家队,但在1990年世界杯开赛前,喀麦隆总统亲自致电邀他出山,这样米拉才再次代表国家队出战世界杯。

在1990年意大利的夏天,38岁的米拉迎来了属于自己的巅峰。在同罗马尼亚队的小组赛中,米拉作为替补出场后独中两元,激动的他竟跑到角旗边跳起了扭胯舞,这一幕成为那届世界杯的经典镜头之一。

在小组赛出线之后,喀麦隆队与哥伦比亚队相遇,米拉又是作为替补出场,并打进了非常关键的2球。在加时赛中,他从"疯子门将"伊吉塔脚下断球后破门,率领球队成功打进了8强。虽然在1/4决赛中落败于英格兰队,但喀麦隆队还是创造了其在世界杯上的最好成绩。

1994年,在众人惊奇的目光之中,米拉又一次参加世界杯为国而战,而那时他已经42岁了。在同俄罗斯队的比赛中,米拉抓住机会打进关键的一球,这使他成为世界杯历史上最年长的进球者。他的辉煌战绩成为喀麦隆人的骄傲,在某次地区长官的选举中,他甚至超过了所有的参选者,获得了上万张选票,但他最后还是拒绝出任政府官员。

在 1990 年世界杯上,除了"米拉大叔",比耶克兄弟(卡纳·比耶克和奥马姆·比耶克)的表现也给人留下了深刻印象,其中奥马姆·比耶克更是制造了该届大赛中的第一个大冷门。在和阿根廷队的世界杯揭幕战中,喀麦隆队出人意料地以 1∶0 获胜,奥马姆·比耶克在第 67 分钟时高高跃起头球攻门,阿根廷门将蓬皮多扑救失误。奥马姆·比耶克的进球为"非洲雄狮"拿到了世界杯历史上的首场胜利,也令该队在意大利之夏打响了震惊世界的第一枪。

喀麦隆的另一著名球星萨缪尔·埃托奥,首次为喀麦隆而战是在 1997 年,那次比赛中喀麦隆队以 0∶5 输给哥斯达黎加队。埃托奥曾帮助喀麦隆拿下 2000 年和 2002 年的非洲国家杯冠军以及 2000 年悉尼奥运会男足金牌。在 2006 年的非洲国家杯中,虽然"非洲雄狮"止步 8 强,但埃托奥也以 5 个入球的优异表现成为最佳射手。在 2008 年非洲国家杯上,"非洲雄狮"摘得亚军,埃托奥再度以 5 个入球的出色表现成为神射手,同时他在这届赛事中打破纪录,以 16 个入球的成绩成为赛会历届进球最多的球员。在 2010 年世界杯的非洲区外围赛中,埃托奥拿到了 9 个入球,助力喀麦隆成功晋级 2010 年世界杯决赛。在 2014 年世界杯之后,埃托奥选择退役。回顾他的整个足球生涯,从 1997 年入选国家队参加国际比赛开始,埃托奥已经为喀麦隆队出场 118 次,进球 56 个,是喀麦隆足球史上当之无愧的"猎豹"战士。

里格贝特·宋是喀麦隆足坛中的知名老将,他闯荡足坛多年,曾经担任国家队队长,后让位于埃托奥,但他仍是喀麦隆队最有经验和最具影响力的球员之一。里格贝特·宋在1993年开启足球职业生涯,曾经为9支球队效力过,其中比较知名的包括利物浦、西汉姆联、科隆、朗斯、加拉塔萨雷等。2010年,他加入土耳其特拉布宗体育队,同年7月选择退役。

1994年,仅仅17岁出头的少年里格贝特·宋作为当时年龄最小的队员参加了美国世界杯,但他却创造了世界杯历史上被罚下场的最年轻球员的纪录:在喀麦隆队与巴西队的小组赛进行到第63分钟时领到红牌。4年后,法兰西的土地上又出现了他的身影。里格贝特·宋再一次在史册上写下了自己的名字——作为一名年仅21岁的球员代表"非洲雄狮"参赛,并成为世界杯决赛阶段最年轻的队长。但是队长袖标的光环也没能豁免他在小组赛中被罚红牌,这一幕发生在小组赛最后一场1∶1踢平智利队的比赛中,这一结果直接导致喀麦隆队被淘汰出局。

在法国世界杯比赛中,里格贝特·宋的形象引起了观众们的极大兴趣。除了黝黑的皮肤和健美的身材之外,最引人注目的莫过于他的两只不同颜色的战靴:一只黄色,一只红色。奇特的装扮使他成了观众和裁判眼中的焦点,结果在小组赛最后一场比赛中他从主裁判处得到了黄牌和红牌。

在4年后的日韩世界杯中,里格贝特·宋总算"平安"地度过了小组赛,破除了自己参加世界杯小组赛便被"染红"的怪圈。连续在两届世界杯小组赛阶段吃到红牌的记录暂时没人打破,不过,估计也没人想打破吧。幸运的是,他的红牌没有白得,在法国世界杯后他终于时来运转,得到了幸运女神的眷顾。他从法甲一跃跳到了意甲赛场,不到一个赛季就被英超豪门利物浦买走。之后又顺利地成为喀麦隆国家队的队长。

亚历山大·宋·比隆出生于喀麦隆的杜阿拉,是曾为土耳其特拉布宗体育队效力的喀麦隆名将里格贝特·宋的侄子。在他 3 岁时,父亲就去世了,叔叔里格贝特·宋将他抚养成人,并影响他走上了足球之路。

亚历山大·宋·比隆在法国的巴斯蒂亚队开启了职业运动员生涯。2005 年,他被租借到阿森纳足球俱乐部,因不凡的表现赢得了温格的青睐,于 2006 年成功永久加盟阿森纳。在 2007 年,他曾被租借到查尔顿竞技运动足球俱乐部效力,和中国球员郑智成为队友。其后,他取得了飞跃式进步,成为阿森纳的主力后腰,并被视为英超中很有竞争力的球员之一。

早年,亚历山大·宋·比隆曾经代表法国 U16 队出战,有过 6 次出场的经历。但后来他毅然决然地选择了祖国喀麦隆。从 2008 年开始,他就为国家队效力,并逐渐成为国家队的中场主力。亚历山大·宋·比隆是那段时期西甲乃至国际足坛进步最大的球员之一。以往他是毛躁的边缘选手,经过几年的训练和比赛,在加盟巴塞罗那时他已经是西甲的支柱级球员。

帕特里克·姆博马 1970 年 11 月 15 日出生于喀麦隆的杜阿拉,2 岁时他就和家人移民去了法国。姆博马的职业生涯始于巴黎东部的一支小球队,但很快他就凭借出色的表现转去了原俱乐部在当地的死敌——巴黎圣日耳曼队。然而,当时的巴黎圣日耳曼队已经拥有了一名天才非洲球员——利比里亚的维阿,他的光芒完全盖住了姆博马。直到 1993—1994 赛季,姆博马的职业生涯才取得突破,他迎来了自己的转机。当时巴黎圣日耳曼队把他租借给了丙级球队夏德卢队,在那个赛季,姆博马在 29 场比赛中打进了 17 球,如此出色的表现使他重新受到了关注,他很快就被召回巴黎。1997 年,姆博马出人意料地选择转会去日本,参加日本职业足球联赛。后来的事实证明这是姆博马职业生涯中一个决定性的转折点。在效力日本球队的第一次比赛中,他就成为最佳射手(28 场比赛进 25 球),并且创造了日本职业足球联赛最快的进球纪录(26 秒)。

在 1998 年法国世界杯之后,这位闪亮的球星重新回到了欧洲赛场,加盟了意大利甲级球队——卡利亚里队。在这里姆博马再次大放异彩。随后两年的时间里,他一共出场比赛 40 次,打进 15 球。2000 年的夏天,当卡利亚里队从意甲联赛降级时,姆博马转会到了帕尔玛队,以租借身份为英超球队桑德兰效力。

虽然姆博马在欧洲俱乐部的时候不太得志,但其在喀麦隆国家队却是风光无限。多年来,姆博马一直拒绝在国际比赛中出场。即便姆博马已经拥有了法国护照,可他最终还是坚定地选择代表祖国喀麦隆参加国际比赛。1995 年,姆博马作为"非洲雄狮"的一员参加了非洲国家杯。次年,姆博马正式成为国家队中固定的一员。在争夺 1998 年法国世界杯参赛权的预选赛中,姆博马发挥了至关重要的作用,他以 5 个进球的成绩成为预选赛中的最佳射手。随后,"非洲雄狮"一路辉煌。2000 年喀麦隆队成为悉尼奥运会的足球冠军,2002 年喀麦隆队在马里成功卫冕非洲国家杯,其中姆博马功不可没。

2000 年,姆博马成功当选"非洲足球先生",因此很多人拿他和他的同胞前辈、足坛传奇人物米拉相提并论。然而,姆博马本人却拒绝接受这样的比较。"拿我和米拉做比较是不可想象的。"姆博马谦虚地说。2005 年 5 月 16 日晚,姆博马正式宣布退役,这一年以来一直困扰着他的伤病使这位年仅 35 岁的喀麦隆前国脚不得不做出这样的决定。"一年以来,伤病反复地侵扰着我,我想是时候结束自己的职业生涯了。"姆博马说。作为喀麦隆历史上最优秀的前锋之一,姆博马助力祖国赢得了 2000 年和 2002 年两次非洲国家杯的冠军。但伤病的折磨使他在 2000—2001 年期间只为日本神户胜利船队出场过 4 次。

回顾喀麦隆辉煌的足球史,"星"光闪耀的喀麦隆获得"非洲雄狮"的美誉一点都不为过。但近年来喀麦隆队也面临着更新换代、青黄不接的问题。在 2019 年埃托奥宣布退役之后,喀麦隆队虽然涌现了一些有潜力的小将,但还没有出现如埃托奥这样的顶级球星。

六、喀麦隆复杂的族群

地处非洲中心并易于同四周交往的喀麦隆,其部族分布是在历史上诸多部族的迁徙中形成的,不仅种类多,相互交错,而且关系也很复杂。专家估计,当今喀麦隆约有 240 个部族,主要分为以下 5 个系别:(1)班图族系,包括俾格米、贝蒂、巴萨、杜阿拉、杨巴萨等,主要分布在南部、滨海、西南、中部、东部等大区。(2)半班图族系,包括巴米累克、巴穆恩、巴利等,主要分布在西部和西北大区。(3)苏丹族系,包括穆恩当、杜布利、卡伯西利等,主要分布在阿达马瓦、北部和极北大区。(4)波尔或富拉尼人(又称富尔贝人),主要分布在北方地区。(5)绍阿阿拉伯人,主要分布在乍得湖盆地。这些部族都有各自的语言和习俗,彼此之间差别较大。①

喀麦隆部族按照语系来分,基本上分属于 2 个语系:南部属班图语系,北部属苏丹语系。南部班图语系的代表为巴米累克族,他们介于班图语系和苏丹语系之间,有着"半班图"之称,人口增长很快,共约 60 万人,在巴米累克省约有 46 万人,其余则散居在蒙戈、杜阿拉和南方的中部地区;北部苏丹语系的代表为富拉尼族,约 30.5 万人,多系牧民,仍保有部落酋长,信仰伊斯兰教。在北部,不信奉伊斯兰教的居民被统称为"基尔

① 姚桂梅、杨宝荣:《列国志·喀麦隆》,社会科学文献出版社 2010 年版,第 33 页。

蒂",共约72.5万人,他们包括很多部落,但有着共同的宗教信仰——拜灵教。基尔蒂人组成许多单独的部落,主要种植棉花、花生和大米。目前部分基尔蒂人已被富拉尼人同化,改信伊斯兰教。①

丰富的族群、宗教和语言构成了多姿多彩的喀麦隆民族文化,但正是由于各族之间巨大的差异,全国240多个部族之间冲突矛盾不断。同时由于信奉不同的宗教,水火不容的状态更加剧了彼此的矛盾冲突;再加上历史上曾同时遭受法英殖民主义的长期统治,地区割裂的现象十分严重,喀麦隆至今仍区分法语区和英语区,两区之间矛盾尖锐。

巴米累克人分布在姆班河和喀麦隆河上游地区。土地肥沃,雨水充沛,气候适宜,加上他们的勤奋和精湛的技术,该地区已经发展成为喀麦隆的粮仓,也是喀麦隆的蔬菜和水果种植基地。由于人口过于稠密,不少巴米累克人逐渐向南方迁移。

巴米累克族中大多数人是从事农业生产的农民,另有一部分人虽然早在国家独立前就开始经商,但是长期以来大都是些资金微薄的小商小贩,穿梭于西部城乡和城镇之间,靠贩卖农产品和日用品来维持生计。国家独立后,他们获得了迅速发展,不仅资金增加,人数也增多。以西部的邦琼市为例,独立前开小店的只有4人,独立初增加到10人,在1974年已达到43人。经营范围扩大到服装、木器、烟酒、食品、鞋、餐厅、药品、无线电等。商业活动扩展到许多省市,特别是向首都雅温得、经济中心杜阿拉以及南部、西南部和中南部的大城市发展,并在那里的某些经济部门中占据了统治地位。以至于到了20世纪80年代初,巴米累克商人不仅垄断了西部的建筑业,还成了雅

---

① 雅菲:《喀麦隆》,世界知识出版社1960年版,第4页。

温得和杜阿拉大部分旅馆、夜总会、电影院和民宅的业主,同时还控制了两大城市的部分交通运输业。

虽然目前尚无具体数字说明巴米累克商人到底拥有多少资产,但是可以看出他们的发展速度是相当惊人的。他们善于经商的名声已传遍全国,甚至传到中部非洲各国。①

富拉尼人起源于居住在塞内加尔河流域以及靠南面的富塔托罗热带草原的图科洛人,是喀麦隆北方最大的部族,信奉伊斯兰教。18 世纪和 19 世纪,富拉尼人势力扩大至乍得湖地区。他们建立的埃米尔王国、拉米多王国和苏丹国已名存实亡,酋长(即国王)只留下了一副空架子。富拉尼人原以放牧为主,随着 20 世纪 70 年代以来农业的极大发展,马背上的部族开始脚踏土地,其活动地区已成为喀麦隆棉花、玉米和高粱等农产品的重要产区。

时至 20 世纪 90 年代,该族仍然保留着古老的风俗习惯。他们颇信巫术,认为其能赐福除祸,拯救众生。在婚嫁习俗方面,男方在婚前要向女方父母送牛、羊和农具,外加一定的礼金,婚后男方还要到女方家承担一段时间的无偿劳动。但可悲的是,新娘一过门其待遇就一落千丈,她在男方家是没有地位的。富拉尼人的大多数部族以父系续家谱,但仍有不少部族以母系为传承的纽带。②

基尔蒂人是穆斯林对黑人异教徒的称呼,他们主要分散在北部山区和闭塞的洛贡河平原。那里多高山丘陵,地势险要,成为躲避穆斯林驱赶和掠夺的绝佳庇护所。他们信奉拜灵教,

①　庄慧君:《喀麦隆巴米累克民族资产阶级的产生与发展》,《西亚非洲》1989 年第 3 期,第 40—46 页。

②　姚桂梅、杨宝荣:《列国志·喀麦隆》,社会科学文献出版社 2010年版,第 34 页。

普遍排斥现代文明,发展缓慢,相当落后,其中许多人至今还过着半原始的生活,裸露示人,不肯穿衣服。东至乍得湖、西至曼达拉丛山这一带的基尔蒂人,因土地贫瘠,常年干旱,既不利于发展农业也不利于发展畜牧业,所以非常贫穷。对他们来说,食盐都是奢侈品。

但同属于基尔蒂的巴蒙人很能干又不保守,他们聚集在平原和贝努埃河套地区,从事农业、渔业和畜牧业。他们劳动的结晶——著名的巴蒙王朝迄今仍保留着朝制和宫殿。这个部族最引以为豪的是拥有自己的文字,它是由杰出的君主恩乔亚于 20 世纪初发明的,建在高山之巅的王宫内设有普及这种文字的学校,把他们的文明永久传承下去。喀麦隆独立后,巴蒙人对促进祖国统一发挥了重要而积极的作用,所以颇受历届政府的重视。①

提卡尔人大部分居住在巴门达草原的北半部。在西部,他们主要住在门楚姆区、栋加区和梅礼姆区的部分地区;在东部,他们大多居住在姆班河和奥库河流域。提卡尔人分别组合成若干大小、语言和血缘关系不同的独立酋长国,每一个酋长国都有一个称为"芳"的最高统治者。而每个这样的酋长国又细分成若干个由酋长统治的独立村落。传说提卡尔人从东北部迁来,定居在东喀麦隆提巴提、巴尼奥、恩杜博、恩冈代雷和基密等地区。后来,在冈巴族的压力下他们中的大部分人被迫南迁,进入西喀麦隆。提卡尔人的语言种类很多,其中主要有布富语、科姆语、拉姆索语和恩莎语。提卡尔人主要从事农业,以种植咖啡、玉米、花生、木薯、大薯和豆类等农作物为生。男女

---

① 姚桂梅、杨宝荣:《列国志·喀麦隆》,社会科学文献出版社 2010 年版,第 35 页。

之间分工明确。在旱季,提卡尔男人集体狩猎或建造房屋,女人则下河捕鱼。

芳人(也称帕胡因人、庞圭人)分布区域广大,北至喀麦隆境内萨纳加河上游,南至加蓬境内奥果韦河中游,也是赤道几内亚的主要居民。雅温得是芳人的经济、文化中心。他们由许多近缘支族构成,主要包括埃通人、雅温得人、姆韦列人、廷格人、布卢人、格比尔人、贝内人、贝蒂人等。①

杜阿拉人是喀麦隆沿海地区的主人,属西北班图语系。杜阿拉人接受西方的影响最早,主要从事商业活动,兼顾渔业,也是发展工业的主力军,并在国家政治生活中具有较大的影响力。杜阿拉人分 3 个支系,即杜阿拉人(又分成若干个小支,如姆博科人、夸里人、潘戈人、乌里人、巴弗人、埃沃迪人、埃孔格人等)、隆杜人(又分成若干小支,如恩戈洛人、孔杜人、巴兰格人等)和巴萨人(又分成若干小支,如科科人、椤人、尼奥孔人、扬贝塔人等)。②

俾格米人主要居住在喀麦隆南部的雨林深处,包括宾加人、卡人、科拉人。俾格米人至今生活闭塞,拒绝与外界接触,也不和外族通婚,过着半原始的生活,靠采集野果和渔猎为生。他们没有自己的文字,没有数字和时间的概念。少数俾格米人经政府工作人员说服,接受帮助,走出了森林。即便如此,他们也只是在靠近森林的公路旁安家,不肯远行。③

---

① 姚桂梅、杨宝荣:《列国志·喀麦隆》,社会科学文献出版社 2010年版,第 36 页。
② 姚桂梅、杨宝荣:《列国志·喀麦隆》,社会科学文献出版社 2010年版,第 36 页。
③ 姚桂梅、杨宝荣:《列国志·喀麦隆》,社会科学文献出版社 2010年版,第 37 页。

俾格米人被称为非洲的"袖珍民族",其成年人身高仅有
1.30—1.40米。可别因此小瞧他们,他们小小的身体里可有着
大大的能量。他们体力过人,能够自食其力,自称为"森林的儿
子"。俾格米人头大腿短,身材精瘦,古怪的是人人都挺着大肚
子,肚脐眼处有凸起的鸡蛋大小的肉疙瘩。俾格米人脸上画着
简单的花纹,背着自制的长弓短箭,出入于热带原始森林之中。
男子擅长打猎,喜欢集体围捕大象;女子则采野果、挖树根,照
顾家庭。和其他黑皮肤的非洲人相比,俾格米人肤色较浅,呈
深棕色,头发不像其他黑人那么卷。

人类学家通过研究证实,俾格米人是史前桑加文化的继
承者,是居住在非洲中部最原始的部族。他们不是长得畸形,
而是一个特殊的人种。但目前俾格米人面临着绝种的危险。
有些深信"偏方"的人错误地认为吃了俾格米人的性器官能增
强体质。深信不疑的他们在歪理邪说的驱使下干下罪恶的
勾当。

改善俾格米人的生活、保护现存人种是亟待解决的问题。
尽管有些国家对生活在本国的俾格米人给予了特殊的待遇和
政策,动员他们离开原始森林去过跟大家一样的普通人的生
活,但无济于事。绝大多数的俾格米人仍然依恋祖先留下的生
活方式,选择继续过封闭的原始生活。①

除了本土的部族之外,在喀麦隆还生活着一些外国人。20
世纪60年代末,喀麦隆大约有5000名来自其他非洲国家的外
国人,大多数是尼日利亚人。其中,擅长经商和手工的豪萨人
和控制着西喀麦隆小规模贸易的伊博人招致了当地人的怨恨。

---

① 何辉明:《非洲矮人国快消失了》,《科学大观园》2005年第8期,
第58页。

其他非洲外国人有尼日利亚的约鲁巴人、加纳的埃维人,这些人主要从事纺织、工艺和粮食生产。而来自西非法语国家多哥或者更远地方的毛里塔尼亚人,主要在私人企业中当技术工人或经商。欧洲人大都控制着喀麦隆重要的工业和商业部门。为数较少的希腊人、塞浦路斯人、叙利亚人、黎巴嫩人在喀麦隆主要从事商业活动。①

多部族共存的喀麦隆是名副其实的"微型"非洲。不同的风俗、宗教、语言构筑出多元文化交融的大花园。然而,差异势必带来冲突,喀麦隆错综复杂的部族、地区、宗教等矛盾一直制约着其社会经济的发展。在当今社会,如何兼顾好法语区与英语区的共同发展是值得喀政府深思的问题。

---

① 姚桂梅、杨宝荣:《列国志·喀麦隆》,社会科学文献出版社 2010 年版,第 39 页。

七、喀麦隆历史长河中的时代先驱

连任传奇——保罗·比亚

1933 年 2 月 13 日现任总统保罗·比亚在南部的小村庄里出生。他在家乡的学校里完成了中小学学业后被送往法国路易斯中学继续读书。这所中学培养出了一大批法国社会精英，包括前总统乔治·蓬皮杜、雅克·希拉克，前总理米歇尔·罗卡尔，商人安德烈·雪铁龙、安德烈·米其林，等等。后来，比亚就读于法国的"海外国家公立学校"，获得了公共法律的学位。1960 年，喀麦隆获得独立。在首任总统阿希乔的提拔下，刚从法国毕业归国的比亚得到重用，先后担任教育部部长、民政部部长、总统首席秘书长，并在 1975—1982 年间担任总理。比亚的政治生涯可谓平步青云。2018 年 10 月，时任总统比亚获得 71.28% 的选票，以绝对优势第七次赢得总统选举。①

"喀麦隆独立之父"——吕班·姆·尼奥贝

吕班·姆·尼奥贝 1913 年出生在喀麦隆西南部的布姆尼埃尔，是巴萨族人。从法律学校毕业后，吕班成为政府职员。1941 年，初入政坛的他参加隶属于法国总工会的喀麦隆地方工

---

① 乔本孝：《喀麦隆总统比亚再次赢得连任》，https://baijiahao. baidu. com/s? id＝16150730053301066699＆wfr＝spider＆for＝pc，2023 年 10 月 30 日。

会,这是他开始从事工会运动的起点。1948 年 4 月 10 日,为争取祖国独立事业而热血奋斗的他与穆米埃、乌安迪、金格等人共同创建了喀麦隆人民联盟,并担任总书记。同年,他率领的喀麦隆人民联盟参加非洲民主联盟,并成为它的一个支部。可惜的是,1951 年非洲民主联盟与法共关系破裂,喀麦隆人民联盟继而宣布退出非洲民主联盟,成为喀麦隆一个独立的政党。喀麦隆人民的反抗激起了法国殖民当局的强烈不满,为此,1955 年法国殖民当局制造了"五月血案",喀麦隆人民联盟被取缔,吕班被迫流亡国外。为祖国近乎奉献全部的他哪能轻易放下这毕生之志,1956 年便回国与穆米埃等人一起在萨纳加地区发动武装起义,争取国家的真正独立。他拒绝法国的劝降及与自治政府合作的要求,坚决争取国家的独立。1958 年 9 月 13 日,他被叛徒出卖,死于自治政府宪兵队的枪下,一代为国奋斗的民族英雄就此陨落。[1]

开国总统——哈吉·阿赫马杜·阿希乔

哈吉·阿赫马杜·阿希乔是喀麦隆的开国总统、非洲民族解放运动的杰出领导人之一。在他的带领下,昔日四分五裂、内战不休的喀麦隆成为非洲的稳定之邦,他的经济自由化政策使喀麦隆实现了经济的繁荣。他也是铁腕总统与独裁者,他的执政风格对喀麦隆政坛产生了深远的影响。

1924 年 8 月 24 日,阿希乔出生于喀麦隆北部重要的港口城市——加鲁阿的一个酋长家庭。阿希乔的父亲是富拉尼族酋长,母亲是富拉尼族奴隶的后裔。幼年时,在家庭的影响下,

---

[1] 姚桂梅、杨宝荣:《列国志·喀麦隆》,社会科学文献出版社 2010 年版,第 136 页。

他进入一所古兰经学校学习。1932 年,阿希乔在当地的公立小学读书,但遗憾的是他没有通过学校毕业认证考试。在兽医站工作了几个月之后,他重返学校复读一年,终于获得了毕业证书。在本地完成三年中学学业后,阿希乔就读于雅温得高等行政管理学校。

1942 年,毕业后的阿希乔加入公务员队伍,先后在雅温得电台和法属殖民地政府的无线电报务部门工作,是喀麦隆第一位在南方工作的北方籍公务员。由于工作需要,他在全国不同的城市中奔走,而这段丰富的工作经历使他对民族认同感有了深刻的体会,这为他日后走上政坛顶峰,以其睿智的头脑处理问题和治理多民族国家打下了坚实基础。

此后的时间里,阿希乔在政坛中摸爬滚打,一路前进。1958 年 2 月 18 日—1960 年 1 月 1 日,阿希乔任自治政府总理。1961 年 10 月 1 日,法属喀麦隆与英属喀麦隆合并,成立联邦共和国,阿希乔任联邦共和国首任总统,此后蝉联总统并兼任政府首脑和武装部队最高统帅。

执政后的阿希乔建立起血腥的独裁统治,对一切反对者进行镇压。1958 年 9 月 13 日,阿希乔自治政府宪兵队杀害了喀麦隆独立之父、民族英雄、喀麦隆人民联盟总书记吕班·姆·尼奥贝。1960—1972 年间,阿希乔采取分化、瓦解和武力镇压手段消灭喀麦隆人民联盟在西部、南部的游击队。1964 年 1 月,喀麦隆民族解放军杜阿拉地区司令坦克乌·诺埃被处死。1970 年 8 月,人民联盟武装力量重要领导人欧内斯特·乌安迪被捕并惨遭杀害。至此,在阿希乔当局的镇压下,人民联盟的武装斗争已经沉寂。开国总统阿希乔终于排除异己,真正实现了一统江山、独揽大权。

1972 年 5 月 22 日,阿希乔宣布取消联邦共和国,成立喀麦隆联合共和国。他的专制独裁引起了众多部族的强烈不满,政权岌岌可危,再加上他的身体状况每况愈下,1982 年他主动提交辞呈。辞去总统之位的他并没有完全远离政坛,而是一直在利用部族的力量继续谋取权力,这导致了喀麦隆政局的混乱。1984 年 2 月 28 日,阿希乔因"颠覆和危害国家安全罪"和"企图谋杀喀麦隆国家元首保罗·比亚罪"被雅温得军事法庭缺席判处死刑。同年 3 月被保罗·比亚总统赦免,减刑为终身监禁。最终客死他乡。

阿希乔于 1973 年 3 月和 1977 年 10 月两次访问中国。其著作有《为国家建设做出贡献》《统一和正义中的国家与发展》。①

人民联盟领袖——费利克斯·罗兰·穆米埃

费利克斯·罗兰·穆米埃,1925 年出身于喀麦隆西部丰班的一个农民家庭,是巴门族人。在国内小学毕业后,穆米埃被送往法属赤道非洲的首府——布拉柴维尔上中学。完成中学学业后,赴塞内加尔的威廉·蓬蒂学院学习,专攻医学,1947 年获医学学士学位,同年回国行医。

回国之后的穆米埃面对被殖民、被压迫的国家现状,一阵怅然,毅然选择弃医从政。1948 年 4 月 10 日,他与尼奥贝、乌安迪、金格等人共同创建喀麦隆人民联盟。在章格召开的人民联盟首次代表大会上,穆米埃被选为副主席。争取民族独立事业一波三折,但他从未退缩。1952 年,在人民联盟第二次代表大会上他当选为主席。1955 年 5 月人民联盟遭殖民当局取缔,穆米埃被迫流亡国外,先后逗留喀土穆、开罗、科纳克里和阿克

① 姚桂梅、杨宝荣:《列国志·喀麦隆》,社会科学文献出版社 2010 年版,第 136 页。

拉。在流亡开罗期间,穆米埃创办了《喀麦隆之声》刊物。

1956年归国后,他没有一丝的退却与胆怯,他要继续反抗!这次,他与尼奥贝一起发动了武装起义。1958年9月,同伴尼奥贝被殖民当局残忍杀害,强忍着悲痛的穆米埃承载着友人的期望继续领导游击战。1959年9月,穆米埃领导成立了喀麦隆民族解放军,反对阿希乔领导的自治政府,争取国家的真正独立。1959年10—11月,穆米埃访问中国。1960年1月1日,总统阿希乔宣布喀麦隆独立后,穆米埃再次被迫流亡国外。争取独立的道路充满着崎岖,唯有不变的信念支撑着他继续前进。流亡期间,他多次参加全非会议,积极投身"反对一切形式的外国统治"的斗争,并应卢蒙巴的邀请,赴比属刚果从事反帝斗争。1960年10月16日,穆米埃从刚果去阿克拉途经日内瓦。11月3日,法国特务乘人们为穆米埃举行招待会之机,在他的食物中投放毒药,毒发后穆米埃被送入医院抢救,终因抢救无效死亡。穆米埃的遗体被安葬在几内亚首都科纳克里的一个墓地里,虽然穆米埃已在这里长眠,但他勇于抗争的精神将世世代代传承下去!

喀麦隆英语文学推动者——约翰·肯贡·肯加松

约翰·肯贡·肯加松是喀麦隆当代文坛著名的小说家、戏剧家、诗人。1959年,肯加松出生于喀麦隆的西南省,英语是该地区使用的第一官方语言。他是喀麦隆英语文坛上最具代表性的作家,他的文学创作形式多样、数量丰富,主要代表作有长篇小说《跨越曼戈鲁河》《寡妇的力量》,戏剧《黑帽子与红羽毛》《血的呼唤》《疯狂的一代》,诗集《致马里恩的信》等。

2004年,45岁的肯加松出版了他的第一部长篇小说《跨越曼戈鲁河》。小说生动地表现出了后殖民社会中非洲原有殖民地面临的种种不幸,不属于同种文化和政权的区域被强行合为一体,由此引发了一系列的后殖民问题,这是一部极具开创性的作品。

艺术来源于生活,小说中的曼戈鲁河是英、法殖民地的分界线。它在现实生活中的原型就是东西喀麦隆的历史分界线曼戈河(Mungo River)。在历史发展的过程中,西喀麦隆逐渐失去了平等的权利而被贫困化、边缘化。基于这样的现实,肯加松在 Mungo 单词拼写的基础上加上喀麦隆英语区(即Anglophone)单词中的"lo",这就组成了小说中的曼戈鲁河(Mongolo)。作者以笔为剑、以墨为锋、以字为刃,对法语区霸权进行了严厉控诉,为被边缘化的英语区人民呼唤权益,重新树立起人人平等的思想价值体系。

肯加松的第二部小说《寡妇的力量》一出版即受到热捧。这部典型的后殖民小说有力地反映了非洲传统与现代之间的矛盾冲突,揭露了喀麦隆社会、政治、宗教等诸多现实问题,引发了社会共鸣。其思想内容和艺术成就可与"非洲现代文学之父"钦努阿·阿契贝的《人民公仆》相媲美。

长篇小说的创作奠定了肯加松在喀麦隆文坛的领军地位,被称为"多面手"的他还从事戏剧创作。2001 年,他完成了自己的第一部,也是他最喜爱且最满意的一部戏剧作品《黑帽子与红羽毛》。戏剧以一位租客的口吻讲述了暴君特劳罗残暴统治下的故事,借此来影射传统非洲所面临的困境,批驳与控诉统治者的无能和独裁专制,给读者带来新生的希望。

肯加松所处的喀麦隆,是世界上少有的使用双官方语言的国家之一,其中法语占据主要地位,英语区的人民长期处于从属地位,逐渐被边缘化。这也就导致了喀麦隆法语文学与英语文学发展的不均衡。法语文学率先发展起来,并取得了突出成绩,诞生了蒙戈·贝蒂、费迪南·奥约诺等杰出作家。直至1959年,善基·麦墨出版了戏剧《我是无辜的》,这才标志着喀麦隆英语文学的正式诞生。从此,诞生较晚的喀麦隆英语文学开始成为一股新生力量,在非洲文坛曲折发展,为英语区的人民带来了一丝希望。作为喀麦隆英语文学作家协会主席,肯加松不遗余力地推进喀麦隆英语文学的发展。他曾多次组织召开喀麦隆英语文学作家会议和各项文学创作活动。在他的引领和推动下,喀麦隆英语文学迸发出强劲的活力。

我们期待着喀麦隆文坛乃至非洲文坛能够涌现出更多的新一代领军人物,希望他们的作品能被世界范围内越来越多的读者所了解和接受。①

用科技点亮教育之光的喀麦隆女企业家——安吉尔·梅萨

2020年新冠疫情席卷全球,大多数企业的发展均受到致命打击。其中,教育活动被迫从线下转移到线上。许多非洲女企业家看到了社会的需求。通过科技创新,她们在疫情期间为民众提供了优质教育资源,来自喀麦隆的安吉尔·梅萨便是其中一员。她在2018年获得了非盟教育创新奖,并被"媒体前沿"评为50位最具影响力的喀麦隆青年企业家之一。

安吉尔·梅萨是"教育点击"科技公司的联合创始人,她坚信教育可以改变世界,致力于建立非洲最大的在线教育门户网站,专门为难民、残疾人和农村社区居民提供教育援助,以此改善喀麦隆境内失业率居高不下的局面。她为专业人士与需求者搭建互惠互利的平台。在这里,来自不同领域的专业人士可

---

① 齐林东:《喀麦隆文坛领军者肯加松和他的"社会政治三部曲"》,《世界文化》2018年10期,第35—37页。

以在"教育点击"网站上出售课程,用户也能以十分优惠的价格学习到多种多样的知识。

从国际关系学院硕士毕业的她并非从一开始就决定投身于教育事业。2011 年,梅萨从 3000 多名考生中脱颖而出,通过了喀麦隆的公务员考试。但梅萨并没有因此心满意足,反而为落选的考生感到遗憾。从那时起,她便开始组织一些培训课程,指导学员们选择适合自己的工作方向和创业途径。教学给梅萨带来了极强的满足感和成就感,她也因此萌生了辞职创业的想法。

国内外形势的变化也使得梅萨坚定了自己的选择。近年来,由于"博科圣地"造成的动乱,数千名外国难民逃离本国,来到喀麦隆的东部和北部地区落脚。梅萨在当地见证了难民潮导致的危机:多所学校被烧毁,还有一些教学机构因为安全问题被迫关闭。动乱造成了 30 多万人流离失所,其中约有 2/3 是学龄女童。她了解到,许多非政府组织会给难民们提供食物、卫生用品等基本物资支持,但是却没有任何教育方面的援助。无数儿童因为武装冲突而失学的现实令梅萨备感痛心。梅萨说:"我坚信纳尔逊·曼德拉所说的,'教育是我们可以用来改变世界的最有力的武器'。"也正因如此,梅萨决心创办一个学习网站,为孩子们创造学习条件。

2016 年,梅萨和她的团队开发了一个测试网站,用于预估目标受众群体。仅仅 6 个月,网站上的课程资源已供不应求。2018 年,"教育点击"网站正式上线,主要提供 3 项服务,分别是在线学习、在线复习和创客空间。

自从喀麦隆发生新冠疫情以来,"教育点击"网站的注册人数便呈指数级增长。喀麦隆开始封校的一周内,"教育点击"网站的用户就从 2000 人增长到了 3000 人。教师们可以在平台上发布他们录制好的课程视频,并对所有人免费开放。同时,梅萨和其他老师还根据中学课程要求,为学生们设计了一个超过4万道题的题库,帮助学生们复习功课,提高成绩。当学生们不具备联网条件时,平台还会通过短信发送习题,并回复批改结果。

短短几年间,梅萨的公司不断壮大,不仅克服了融资难关,还拥有了超过3000名的喀麦隆青年用户。自从获得2018年的非盟教育创新奖以来,"教育点击"网站功能日益齐全,梅萨与喀麦隆政府部门保持密切联系,以确保他们了解平台的技术创新进程。在接下来的一段时间里,梅萨还希望实现平台的服务自动化,并与非政府组织相互协作,在武装冲突地区有效分配学习资源。梅萨的目标是将"教育点击"打造成一个完备的教育市场,每一位成功的企业家都可以在这里分享他们的成功经验,培养下一代推动非洲发展的领军人物。从长远来看,梅萨还想开发出更多的教育创新产品,以此来缩小喀麦隆或是整个非洲与其他地区之间的教育水平差距。

梅萨说:"非洲有1800多万无家可归的难民。……如果我们不发展普适包容的教育,就不可能建设我们想要的非洲,而这一切只能通过教育创新来实现。""我们都想改变世界,但这不可能在一夜之间完成。我们只能一步一步走,坚持不懈,梦想终会带领我们走向前方。"[1]

一个有希望的民族不能没有英雄,一个有前途的国家不能没有先锋。从受压迫的殖民时代到如今崭新的共和国时代,喀麦隆历史上不断地涌现出一批又一批的时代先锋。他们是为

---

[1]　周悦卿:《安吉尔·梅撒:用科技点燃教育之光 弥补非洲差距》,《中国妇女报》2021年9月22日,第7版。

争取国家独立而抛头颅、洒热血的人民英雄；他们是反抗社会不公、为人人平等而摇旗呐喊的文人墨客；他们是回应社会需求，用教育武装思想的青年企业家。他们生于不同时期，处于不同领域，但都切切实实地为国家与民族的未来而奋斗，他们是当之无愧的时代先驱。

八、喀麦隆充满神秘与野性的艺术

喀麦隆部族众多,多种宗教并存,又地处贝宁、西部苏丹和班图三大文化区地带。特定的人文地理和历史文化环境孕育出丰富多彩的传统文化艺术。源远流长的口头文学,多姿多彩的传统舞蹈,惟妙惟肖的造型艺术,如芳族的木雕像、巴蒙族的面具、巴米累克族的建筑和串珠装饰艺术、提卡尔族的青铜艺术等,均享誉非洲、声名远扬。①

喀麦隆口头文学源远流长,是其文化的瑰宝。它不靠一纸一字,全靠代代相传。神话、故事、谚语、寓言以及其他口头传诵的传说承载着喀麦隆各部族的历史,生动再现了喀麦隆人民的日常劳动生活及各种礼仪风俗。直到如今,口头文学仍在喀麦隆各地广为流传。其中芳族的"维茨"最具文化特色,是该族文化的最高成就,也是喀麦隆民间文化最珍贵的一部分。②

文字的出现打破了时间与空间的限制,即便相距百年,也可从文字中窥探当时的生活,即便相隔万水千山,也可以通过文字交流。巴蒙文学就是被记录在苏丹恩乔亚发明的文字手稿中。巴蒙族是撒哈拉以南非洲的一个部族,它拥有自己的文字。巴蒙书面文学《巴蒙王朝编年史》,记载了从殖民前的巴蒙

① 姚桂梅、杨宝荣:《列国志·喀麦隆》,社会科学文献出版社 2010 年版,第 305 页。

② 姚桂梅、杨宝荣:《列国志·喀麦隆》,社会科学文献出版社 2010 年版,第 307 页。

到 19 世纪末期恩乔亚统治时期的历史,包含宗教习俗、宫廷礼节、乡村医药等等。

15 世纪始,西方殖民主义者相继入侵,喀麦隆民族文化遭到了严重破坏。独立后,喀麦隆政府重视文化事业,出台了一系列政策,开展了多样的活动,把发展民族文化看成是巩固国家统一、加强民族团结、促进社会进步的有力手段。

20 世纪 50 年代,喀麦隆文学作品如雨后春笋般不断涌现。随着《残酷的城市》《可怜的蓬巴基督》《家僮的一生》《老黑人和奖章》等用法文写成的抨击殖民主义、描绘传统非洲社会和经济生活的作品相继问世,喀麦隆现代文学创作运动开始兴起。

1963 年,基督教组织在雅温得创办了福音文学中心出版社,几乎同时,文学刊物《阿比亚》问世。在此影响下,这一时期涌现了一批优秀作家,其作品内容都具有鲜明的反对殖民主义、争取民族独立的思想:诗人埃邦雅·永多于 1960 年发表的诗集《喀麦隆! 喀麦隆!》,充满爱国激情和民族自豪感;达尼耶尔·埃旺代于 1968 年发表的《总统万岁!》,直接对政治进行批判。①

喀麦隆有众多使用英语、法语创作的作家。其中法语作家中最著名的当数蒙戈·贝蒂和费迪南·奥约诺。

蒙戈·贝蒂原名为亚历山大·比伊迪,1932 年出生在喀麦隆南部的姆巴尔马尤。1951 年毕业于雅温得中学,曾去法国进修,获得巴黎大学文学学士学位,后在法国鲁昂等地的中学任教。1994 年回国定居后,他在雅温得开办了"黑色人民书店"。蒙戈·贝蒂在小说中塑造了各种各样的人物形象:《残酷的城

---

① 姚桂梅、杨宝荣:《列国志·喀麦隆》,社会科学文献出版社 2010 年版,第 307 页。

市》中流入城市的农民和奋起反抗资本家的工人;《可怜的蓬巴基督》中被非洲人民抵制的白人传教士;《牢记路本》中为喀麦隆独立运动事业奋斗而壮烈牺牲的青年。

费迪南·奥约诺,1929 年生于埃博洛瓦附近的恩古莱马孔。他在雅温得完成中学学业后去法国普罗凡公立中学进修,并进入巴黎大学研究法律和政治经济学。他著有 3 部反对殖民主义和种族歧视的小说——《家僮的一生》《老黑人和奖章》《欧洲的道路》。《家僮的一生》是日记体小说,揭露欧洲殖民主义者的残暴与丑恶。《老黑人和奖章》是一部描写喀麦隆黑人生活的中篇小说。主人公老黑人麦卡是一个普通农民,他的两个儿子被法国殖民者征兵,死于"二战"中。为了表彰他对法国殖民事业所做的这些"贡献",殖民当局决定授予他一枚奖章。极具讽刺的是,就在授奖的当天夜里,麦卡在黑夜的风雨中由于不辨方向误入白人社区而被捕,奖章并没有使他少受一些凌辱和鞭打。在残酷的现实面前,老黑人和他的同胞终于认清了殖民者伪善面具下的暴虐。《欧洲的道路》谴责了殖民主义制度在思想意识上对非洲青年一代的腐蚀。作品文字简洁,对话生动,具有浓厚的非洲地区色彩和黑人的幽默感。①

喀麦隆早就存在传统的民间戏剧活动,但用法语表演的非洲戏剧则是在 19 世纪 30 年代"黑人性"运动影响下出现的。20 世纪 60 年代初期,喀麦隆现代戏剧产生。第一个被正式搬上舞台的剧本是纪尧姆·奥约诺·姆比亚于 1960 年发表的《三个求婚者——一个丈夫》。该剧除了在雅温得公演,还以多种语言在欧洲演出,反响强烈。20 世纪 70 年代,喀麦隆的戏剧

---

① 姚桂梅、杨宝荣:《列国志·喀麦隆》,社会科学文献出版社 2010 年版,第 308 页。

活动十分活跃,各大城市几乎每周都有演出。在法国国际广播电台举办的非洲国家戏剧比赛中,喀麦隆的参赛作品和获奖作品数量均雄踞榜首。20 世纪 80 年代初,喀麦隆戏剧开始出现滑坡,演出注重诙谐、滑稽,创作片面追求娱乐性。

在非洲和欧洲两种文明价值观的共同影响下,喀麦隆的电影呈现出独特的韵味。喀麦隆的早期电影以外国艺术家创作的短片为主。20 世纪 50 年代,喀麦隆电影开始以种族为基本创作要素,例如 1954 年的《奥马鲁》和 1955 年的《卡拉》。

在国家独立之初,很少有喀麦隆的电影在法国的电影机构登记。1962 年喀麦隆时事社的建立改变了这个国家电影业的命运。这一时期主要的电影作品包括塔·西塔-贝拉导演的《在巴黎那边》、让·保罗·恩卡萨导演的《法国冒险》和《巴米累克大案》。这些电影和吉孔克·庇巴、丹尼尔·卡姆瓦导演的电影构成了喀麦隆本土电影发展的第二个阶段。

20 世纪 70 年代中期以来,喀麦隆电影艺术家尝试创作长篇电影,开辟了喀麦隆电影业的新时期。这一时期,吉孔克·庇巴于 1976 年拍摄的《别人的孩子》获瓦加杜古泛非电影节大奖。1978 年,吉孔克·庇巴拍摄了《自由的价值》,进一步剖析了非洲社会的传统观念以及陈旧的价值观。

20 世纪 80 年代末期和 90 年代初期,喀麦隆电影又迎来了一个蓬勃发展的新时期。《阴谋艺术》和《你见过富兰克林·罗斯福吗?》是让-皮埃尔·贝科罗创制的。而《云头》和《卡兰多》则是让·玛丽·特诺拍摄的。这些电影的重点已经从过去的恋爱婚姻转移到喀麦隆的社会政治问题上。

尽管喀麦隆文化部和其他机构都十分鼓励喀麦隆本土电影业的发展,但是喀麦隆电影在制作、后期设计和发行方面面临着严重的资金短缺问题。然而,喀麦隆政府坚信,一部好的电影可以成为喀麦隆信息传播和道德教育的重要工具。2003年5月喀麦隆影片《森林的沉默》(*The Silence of the Forest*),参加法国戛纳电影节,成为在该电影节放映的两部非洲影片中的一部。①

"和乐唯有舞,运体不失机。"喀麦隆人拥有极好的音乐细胞和舞蹈天赋。喀麦隆舞蹈有着近千年的悠久历史,拥有非洲大陆的各种音律和节奏。喀麦隆舞蹈分为传统的风俗、宗教礼仪舞和民间娱乐舞两大类。就风格而言,由于生活环境、风俗习惯、宗教信仰、语言、音乐等各不相同,各省区、各部族的舞蹈有各自不同的风格特色。

喀麦隆人十分喜爱跳舞,遇上传统节日或隆重庆典,总是盛装出席载歌载舞。表演者和参与者的装饰古朴、原始,以树叶、兽皮、羽毛作衣料,一些人打扮成狮子、大象、花豹等威猛野兽的形象。就算不是喜庆节日,喀麦隆人也有跳舞的雅兴。每逢星期日的下午,只要天公作美,男女老少就相约在首都的广场大跳"祖祖舞",场面非常热烈、欢快。

音乐和舞蹈是喀麦隆人每一个宗教仪式和社会活动的必要组成部分。传统音乐即部族音乐,以节奏为基础,和音响、歌唱尤其是舞蹈动作完美地融为一体,是一种整体艺术。音乐通常是多节奏的,以打击乐器为主,乐器包括葫芦状木琴、拇指琴、共鸣器、铃(经常系在舞者的脚踝上)、铃舌、刮板和各种各样的鼓。值得一提的是"说话鼓"(talking drum),它可以发出各种声响,模拟语言的音调。鼓的音色会因固定在鼓两头的皮膜的松紧度调整而发生变化。

---

① 姚桂梅、杨宝荣:《列国志·喀麦隆》,社会科学文献出版社2010年版,第311页。

尽管传统舞蹈多种多样,但有一些传统舞蹈随着仪式的合并而渐渐失传;而那些残存下来的传统舞蹈也失去了它的仪式功能,仅剩下纯粹娱乐的功能。此外,喀麦隆的许多歌舞受到非洲各国以及欧洲文化的影响。西方音乐和舞蹈在城市比较流行,人们通过"探戈"一词认识了欧美舞蹈。

喀麦隆的现代音乐,也称为城市音乐,不仅使用传统的木琴、说话鼓等做配器,还融合了西方手风琴、教堂和声音乐与伊斯兰音乐。这种音乐始于20世纪60年代国家独立前后,其基本节奏仍是传统音乐节奏,兼具了西方音乐的某些特点。在喀麦隆现代音乐中,已有4种成了全国性音乐,它们是马科萨、比库其、芒康贝和阿西科。其中,最具影响力的当数马科萨,这是一种具有城市风情的摇摆乐。另一种重要的流行乐是比库其,它源自贝蒂族的战歌,使用葫芦嘎嘎器、鼓与木琴伴奏,夹杂着大量的俚语,表现生活中的喜怒哀乐。至于喀麦隆巴卡人的音乐,近年因路易斯、萨尔诺、科林·特恩布尔、让·皮埃尔·阿莱几位民族音乐学者的积极探索,其复杂美妙的复音音乐(polyphony)逐渐为世人所了解,而后,英国"巴卡超越"乐团与比利时"扎普妈妈"乐团也大量使用巴卡人的复音音乐。"巴卡"二字遂成为世界音乐圈的热门词语。

弗朗西斯·贝贝是喀麦隆著名的音乐家,1929年出生在杜阿拉,在法国和美国受过教育。20世纪60年代早期,他离开加纳去法国,开始了艺术生涯。他不仅是一个吉他弹奏者,还是作曲家、作家、雕塑家。他的歌富有创新性,牵动着听众的情绪,但是也充满了幽默和严肃。他的音乐轻松地将诗歌创作的灵感和他本人婉转的声音结合起来,又辅以吉他演奏,这使得他的音乐具有与众不同的格调和技巧。

像在大多数非洲国家一样,雕刻艺术在喀麦隆艺术中占有重要的位置。喀麦隆的面具和木雕都十分出名。面具艺术是黑人雕刻艺术最完美的呈现形式。朝族的象头舞蹈面具,是串珠装饰与造型艺术相结合的完美产物。巴蒙族的面具,世俗色彩浓厚,形态夸张而又诙谐。杜阿拉族的羚羊头面具是由黑、白、红三色的几何图形构成,雕刻风格于粗犷中见精细,是喀麦隆面具中的精品。科维雷族的心形面具,别具风韵,具有很强烈的抽象美。巴米累克族分支巴查姆族的大型舞蹈面具,则构图大胆,富有幽默感。高高竖起的额头,横着的眼睛、鼻子和嘴,形成一个盲角结构,别有风味。喀麦隆雕像以形式简练统一和构图对称使人赞叹不已,比较常见的特征是:环套项饰的颈部,两腿跨坐,手持葫芦、烟管或铃。这些饰物加强了人物内在的戏剧性,如一个巴米累克王雕像,手持一个战利品。①

　　喀麦隆的人物雕像呈现出非洲造型艺术的基本特点。第一点是以祖先为主要题材,因为非洲艺术与当地人的宗教信仰密不可分,所以艺术家们工作的首要准则是满足宗教需要。第二点是把人体分成头、躯干、腿三个部分,但头的比例偏大,下肢有时很短。这并不是说非洲艺术家缺乏常识,不懂得人体解剖学,而是因为在非洲人的观念中,祖先的头或首领的头是一个集中伟大思想、力量和正义的器官,而身体的其他部分只不过是头的支撑物。为突出头部,艺术家们往往运用过于夸张、奇怪的表现手法,有的甚至把人物和动物的特征在头部上有机地混为一体,给人以模糊之感。②

　　相比于灿烂的歌舞和雕刻艺术,喀麦隆的绘画艺术起步较

　　①　姚桂梅、杨宝荣:《列国志·喀麦隆》,社会科学文献出版社 2010年版,第 315 页。

　　②　姚桂梅、杨宝荣:《列国志·喀麦隆》,社会科学文献出版社 2010年版,第 315 页。

晚,作品以狩猎、捕鱼、劳动、婚礼、市场等传统题材为多,反映社会现实的较少。绘画艺术无论是在技巧上,还是在审美上,都在朝着西方现代派方向发展。立体主义、抽象主义、印象主义、表现主义等风格占据着喀麦隆画坛。

　　第一次看到非洲艺术时,大部分不了解非洲文化的人都会感觉很诡异、很神秘,非洲艺术充满野性甚至有点令人恐惧!相比于东亚艺术,非洲艺术着实是一片全新的光景。作为世界第二大洲,非洲有着自己独具魅力的人文艺术,它充满着野性和神秘色彩,是任何国家都不能复刻的独一无二的存在。

下篇

　　中国与非洲的友谊可谓历史悠久,源远流长。回望古代中国与非洲的交往史,中华文明与非洲文明的"初识"可追溯到汉朝之前,但受限于当时的现实条件,中国与非洲大陆的交往范围主要限于东非与北非海岸。喀麦隆与我国的关系发展相对较晚,始于 20 世纪 50 年代,但这份"迟来的友谊"并未因缺乏时间的厚度而显得淡薄,反而在双方的用心经营下愈发坚固。1971 年 3 月,中国与喀麦隆建交。经过多年发展,双边关系经受住时间的考验,被现任总统保罗·比亚一再称为"典范合作"。不言而喻,中喀人文交流发挥了重要作用。除了两国元首的频繁互动外,双方在教育、卫生、艺术、科学等多个领域的交往也在不断地深入和加强。

　　中喀的交流主要体现在以下三个方面:

　　首先,保持元首之间的交往是中喀关系的精髓。自中喀双方建交以来,喀麦隆元首对中国进行了 8 次正式访问,这为两国的友谊发展提供了大力支持。除此之外,两国在中非交往层面和双边层面也有多次部长级和高层交往,这些交流都是维系中喀人民友谊的重要纽带。

　　其次,以"相互尊重、平等相待"作为中喀关系的基石。从20 世纪 50 年代周恩来总理提出的和平共处五项原则和"求同存异"方针,到新时期习近平总书记在构建人类命运共同体的背景下提出的"五不"原则(即不干预非洲国家探索符合国情的发展道路、不干涉非洲内政、不把自己的意志强加于人、不在对非援助中附加任何政治条件、不在对非投资融资中谋取政治私利),都为中喀的友好合作奠定了坚实的基础,这也是迄今为止中喀合作在经贸、外交、人文交流等领域取得显著成果的基础。

再次,中非合作论坛成为中喀人文交流的主要平台。于2000年成立的中非合作论坛不仅成为培养社会资本、促进民心相通以及中非代表团间建立牢固个人联系的平台,还制定了中非经贸、人文交流等领域合作的主要框架。2018年,中非合作论坛北京峰会提出了以实施"八大行动"为核心的上百项全面深化中非合作的新举措,其中,"交流"一词在相关文件中出现了85次之多,主要包括高官互访、专家培训、学术文化交流等。

近年来,在两国政府的积极推动下,许多非政府组织对加强中喀人文交流的积极性日益提升。在新冠疫情暴发之后,中国的某公益基金会向喀麦隆援助了物资、疫苗等,受到了喀麦隆人民的欢迎与感激。①

① 马肃:《中喀人文交流树立文明互鉴典范》,《神州学人》2022年第5期,第21—23页。

一、战略伙伴——中国与喀麦隆

20 世纪五六十年代,由于喀麦隆政府对国内喀麦隆人民联盟运动的镇压,中国政府同喀麦隆政府关系冷淡。随着喀麦隆政府同喀麦隆人民联盟斗争的结束,中喀关系有了较快的发展。1971 年 3 月 26 日,中国和喀麦隆正式建立外交关系。中国承诺停止支持喀麦隆人民联盟,喀麦隆则断绝与台湾的关系。

之后,两国友好关系不断向前发展。1972 年 8 月,喀麦隆外长率领政府代表团对中国进行友好访问,国务院总理周恩来会见了代表团。访问期间,双方签订了政府间经济技术合作协定和贸易协定。同年 10 月,中国代表团回访喀麦隆。喀麦隆第一任总统阿希乔于 1973 年访华。访问期间,阿希乔总统走访了北京、上海、杭州、广州等地。1977 年,阿希乔再次来到北京。1978 年,国务院副总理陈慕华率领代表团访问喀麦隆。

比亚总统上台后,一直重视发展同中国的友好合作关系,曾于 1987 年 3 月、1993 年 10 月、2003 年 9 月、2006 年 11 月、2011 年 7 月和 2018 年 3 月访问中国。2003 年访华期间,双方签署了《中华人民共和国政府和喀麦隆共和国政府经济技术合作协定》等文件,进一步推动了两国的合作。2018 年 3 月 22 日,喀麦隆总统比亚访华。比亚总统是 2018 年第一位来华访问的非洲国家元首,也是 2018 年中国"两会"后到访的首位外国元首。会谈后,两国元首共同见证了经济技术合作、人力资源开发、基础设施建设、产能合作等领域双边合作文件的签署。由于比亚政府重视同中国开展多方面的合作和交流,目前喀麦隆在政治、经济、文化等多方面同中国有着良好的合作关系。2018 年 8 月 31 日,在国家主席习近平和喀麦隆总统比亚的见证下,中国与喀麦隆正式签署共建"一带一路"合作文件。"一带一路"朋友圈再次扩大。2021 年 3 月 26 日,国家主席习近平与喀麦隆总统比亚互致贺电,庆祝两国建交 50 周年。

在国际上,喀麦隆政府一贯坚定支持中国在人权问题上的立场,反对西方发达国家以"人权问题"为借口干涉中国内政。1995 年,在联合国人权委员会对谴责中国侵犯人权的决议进行投票之前,国务院副总理李岚清访问了委员会成员喀麦隆。喀麦隆对该决议投了反对票,该决议没有获得通过。喀麦隆政府支持中国维护主权与领土完整。2016 年 6 月 13 日,中国驻喀麦隆使馆临时代办孙伟会见喀麦隆对外关系部部长级代表恩古特,双方就中喀合作和共同关心的问题交换意见。喀麦隆政府支持中国在南海问题上的立场,支持和鼓励相关方面根据国际法,通过协商谈判和平解决有关争议。喀麦隆的政治立场以及长期以来同中国的友好合作关系,使喀麦隆成为中国在中非地区的重要合作伙伴。

两国之间的合作显著发展。在教育方面,中国自 1959 年起接收喀麦隆留学生,每年向喀麦隆提供奖学金名额。中国在喀麦隆建有孔子学院。2017 年孔子学院注册学员达到了 1.3 万余人。在医疗方面,2016 年国家卫生和计划生育委员会派遣专家组赴喀麦隆,执行"光明行"项目,为喀方实施 627 例白内障手术。在基础设施建设方面,中企承建的隆潘卡尔水电站大坝在 2015 年实现部分蓄水。① 喀麦隆在实施"2020—2030 年国家发展战略"过程中,希望中国企业更多参与喀麦隆的工业化进程。这一期待建立在中喀伙伴关系不断发展和多元化的基础之上,同中方鼓励企业"走出去"的政策完全吻合。

作为发展中国家,中国在积极促进同喀麦隆的经济合作与文化交流的同时,还在力所能及的范围内向喀麦隆提供援助,促进喀麦隆的社会经济发展。中国在喀麦隆的雅温得援建了巨大的文化中心、喀麦隆政党总部大楼、剧院、礼堂和民居,还帮助喀麦隆发展乡村电力设施。1978 年,中国同喀麦隆、乍得签署了建设沙里河公路桥(在喀麦隆和乍得边界)的会谈纪要。喀麦隆在建设拉格多水电站高压输变电工程中,中国也给予了援助。此外,中国还分批向喀麦隆派遣医疗队,实施医疗援助,协助喀麦隆修建医疗设施,发展当地的医疗卫生事业,这被誉为"中喀人文交流的友谊结晶"。

在新冠疫情暴发之后,中国援助喀麦隆的新冠疫苗运抵喀麦隆首都雅温得,中国驻喀麦隆大使王英武和喀麦隆总理恩古特共同出席援助疫苗交接仪式。喀麦隆公共卫生部部长玛纳乌达、交通部部长恩加勒、中部大区区长贝阿、其他高级官员以及使馆经商参赞郭建军等参加。自疫情暴发以来,中喀双方不断深化在公共卫生领域的国际合作。此次中方向喀麦隆提供疫苗援助,体现了习近平主席关于将新冠疫苗作为全球公共产品的庄严承诺,展现了中喀建交 50 周年的深厚友谊。恩古特代表比亚总统向中国政府和人民表示衷心感谢。他说,在疫苗供应紧张的情况下,中方仍以最快速度向喀方提供疫苗援助,

---

① 《中国喀麦隆签署共建"一带一路"合作文件》,https://zhuanlan.zhihu.com/p/43548947,2023 年 03 月 20 日。

充分体现了中喀历久弥新的团结友谊。中国疫苗安全有效,将为喀方应对疫情做出重要贡献。喀麦隆政府将马上向全国分配疫苗并开始接种工作,医护人员将优先接种,他本人也准备随时接种中国疫苗。①

20 世纪 90 年代以来,随着双方政治、经济、文化等方面的发展,两国在各个领域的合作都取得了进步。2001 年,中国与喀麦隆的进出口贸易总额为 21306 万美元,同比增长 32.6%。其中,中国出口额为 2936 万美元,同比增长 29.7;中国进口额为 18370 万美元,同比增长 33.1%。2002 年,中国与喀麦隆的进出口总额为 15863 万美元,同比下降 25.5%。其中,中国出口额 4397 万美元,同比增长 49.8;中国进口额为 11466 万美元,同比下降 37.6%。2003 年,中国与喀麦隆的进出口贸易总额为 18029 万美元,同比增长 13.7%。其中,中国出口额为 6494 万美元,同比增长 47.7;中国进口额为 11535 万美元,同比增长 0.6%。2004 年,中国与喀麦隆的进出口贸易总额为 24892 万美元,同比增长 38.2%。其中,中国出口额为 10002 万美元,同比增长 54.0;中国进口额为 14891 万美元,同比增长 29.2%。2005 年,中国与喀麦隆的进出口贸易总额为 19662 万美元,同比下降 21.0%。其中,中国出口额为 12986 万美元,同比增长 29.8;中国进口额为 6675 万美元,同比下降 55.2%。2006 年,中国与喀麦隆的进出口贸易总额为 39095 万美元,同比增长 98.8%。其中,中国出口额为 19115 万美元,同比增长 47.2;中国进口额为 19980 万美元,同比增长 199.3%。2007 年,中国与喀麦隆的进出口贸易总额为 45660 万美元,同比增

---

① 《驻喀麦隆大使王英武出席中国援喀疫苗交接仪式》,http://cm. mofcom. gov. cn/article/todayheader/202104/20210403051490. shtml,2022 年 11 月 28 日。

长16.8%。其中,中国出口额为29673万美元,同比增长55.2%;中国进口额为15987万美元,同比下降19.9%。2008年,中国与喀麦隆的进出口贸易总额达到8.54亿美元,同比增长87.1%。其中,中国进口额为4.79亿美元,同比增长199.6%;中国出口额为3.75亿美元,同比增长26.4%。① 2009年,中国与喀麦隆的进出口贸易总额为81354万美元,同比降低5.2%;出口额为41588万美元,同比增长9.6%;进口额为39767万美元,同比降低17.0%。2019年,中国与喀麦隆的进出口贸易总额为26.8亿美元,同比减少3.9%。其中,中国出口额为16.7亿美元,同比减少1.4%,进口额为10.1亿美元,减少7.9%。② 2020年1—12月,中国与喀麦隆的进出口贸易总额为27.74亿美元,同比增长3.5%,其中,中国出口额为20.23亿美元,同比增长21.1%,进口额为7.52亿美元,同比下降25.6%。中方企业对喀方直接投资额为4471万美元。中国在喀麦隆新签工程承包合同额为11.1亿美元,同比增长28.7%,完成营业额8.9亿美元,同比下降36.2%。③

近年来,中喀关系的另一个发展表现为直接支持对方在国际事务中的立场,这改变了过去将国际政治合作停留于口头承诺之上的状况。喀麦隆支持中方在涉疆问题上的立场。同样,中国反对在联合国讨论喀麦隆两个英语地区的冲突,并且在2019年关于该主题的非正式会议上声明,危机是喀麦隆内政的

① 《中国与喀麦隆贸易历年统计表》,http://xyf.mofcom.gov.cn/article/zxhz/201002/20100206794386.html,2022年5月16日。

② 《中国—喀麦隆经贸合作简况(2019年)》,http://xyf.mofcom.gov.cn/article/tj/hz/202003/20200302942112.shtml,2022年11月3日。

③ 《中国—喀麦隆经贸合作简况(2020年)》,http://xyf.mofcom.gov.cn/article/tj/hz/202110/20211003212165.shtml,2022年11月3日。

一个方面,而不是对国际安全的威胁,因此不应该在会议上讨论这一问题。

自 1971 年中国与喀麦隆建交以来,两国关系已从以基础设施和象征意义为主的关系发展为在国防和国际政治问题上的广泛合作关系。鉴于喀麦隆在其国内政策方面不断受到西方国家的国际审查,中国与喀麦隆之间的政治和国防关系很可能在未来几年内继续深化。

二、一院多点的办学模式——浙江高校推广中文

中喀建交以来,两国高层交往频繁,经贸往来成果丰硕,人文交流持续深化,中文教育合作更是成为双方互助互信的桥梁和纽带。经过双方的共同努力,喀麦隆中文教育实现了从无到有、从单一的培训课程模式到培训课程与学历教育相结合的教学模式的发展。喀方将中文纳入喀麦隆国民教育体系,并将中文课程设为喀麦隆中学会考科目,使其成为外语教育体系的组成部分。中文本硕专业成为热门,中文师资培训多元化等,这些都有力地推动了喀麦隆中文教育的本土化建设。

中国与非洲最早的教育交流与合作形式主要是代表团互访、互派留学生以及中国向非洲派遣从事中文或其他基础教育的任课老师。1978 年以前,主要由政府派遣教师去非洲任教。改革开放以后,中国和非洲国家大学间的交流与合作更为直接也日益密切,中国的大学可以向政府申请经费来自主设计或承担合作项目。1995 年,浙江师范大学与喀麦隆雅温得第二大学合作共建了非洲地区的第一个中文培训中心——"喀麦隆汉语培训中心",该中心挂靠在雅温得第二大学国际关系学院下。1996 年,浙江师范大学选派了 3 位教师赴喀麦隆任教,实现了喀麦隆中文教育零的突破,截至 2006 年共选派了 8 位教师。值得一提的是,该中心学员的人数从首期培训班的 7 人增长到了 2006 年的 2000 多人,学员分布广泛,来自喀麦隆、肯尼亚、

尼日利亚、吉布提、乍得、尼日尔、加纳、阿尔及利亚、贝宁等 20 多个非洲国家,他们是当代中非交流与合作当之无愧的"星星之火"！这个时期汉语培训中心开设的课程以培训为主,教学对象包括社会人士、政府官员、国家外交官等,这为喀麦隆及周边国家中文教育的发展奠定了良好基础。

2007 年 1 月,国家主席胡锦涛访问喀麦隆。其间,胡锦涛主席与喀麦隆总统保罗·比亚就设立孔子学院一事达成共识。8 月 9 日,中国驻喀大使馆临时代办彭惊涛与雅温得第二大学校长塔比·芒加·让达成一致,决定在 1995 年成立的喀麦隆汉语培训中心的基础上设立孔子学院,这标志着中部非洲的第一所孔子学院,即雅温得第二大学孔子学院正式成立。11 月 9 日,经国家汉语国际推广领导小组办公室(简称国家汉办)批准,雅温得第二大学孔子学院在雅温得第二大学国际关系学院举行揭牌仪式。国家汉语国际推广领导小组副组长陈进玉、喀麦隆高等教育部部长恩东戈、中国驻喀麦隆大使黄长庆等出席仪式。雅温得第二大学孔子学院首任中方院长张笑贞与首任喀方院长穆勒·康比·纳西斯正式上任。12 月,第二届全球孔子学院大会在北京开幕,雅温得第二大学校长塔比·芒加·让参加会议。他在会议上指出,中国在喀麦隆人民的心中有很高的地位,孔子学院自申办之日起就获得中喀两国政府的关注和支持。

2008 年,雅温得第二大学孔子学院正式开设中文选修课与社会成人培训班。位于喀麦隆首都的雅温得第二大学,其前身是成立于 1961 年的雅温得大学。喀麦隆政府于 1993 年实施教育改革,将雅温得大学分为雅温得第一大学和雅温得第二大学。雅温得第二大学直属教育部管理,下设法律与政治学学院、经济管理学院、人口培训与人口研究学院、通信科学技术学院及国际关系学院。雅温得第二大学是喀麦隆唯一承建孔子学院的院校,树立了非洲中文教育发展的里程碑,在发展和推进中喀两国教育、文化交流中发挥了重要作用。年底,中方院长张笑贞荣获"全球孔子学院先进个人"称号,雅温得第二大学孔子学院第一届理事会在浙江师范大学闭幕。

2009年,雅温得第二大学孔子学院与马鲁阿大学签订了合作协议,双方在马鲁阿大学高等师范学院设立了三年制本科学历师范中文专业,并于同年正式招生。马鲁阿大学位于喀麦隆极北大区首府马鲁阿市,创建于2008年,是喀麦隆8所公立大学之一,下设高等师范学院、人文学院、理学院、法律与政治科学学院、经济与管理科学学院、矿产与石油工业学院。高等师范学院是马鲁阿大学的第一个机构,设有13个系,包括化学系、物理学系、生物学系、历史系、地理系、计算机科学系、英语语言系、外语系(含汉语、德语、阿拉伯语、西班牙语和意大利语)、双语文学系、法国现代文学系、数学系、哲学系、教育科学系。高等师范学院在喀麦隆和中非地区享有盛名,已培养近3万名教师,主要是中小学教师,学院还设有学术型和专业型教育硕士及博士专业。此外,高等师范学院于2014年设立了五年制研究生学历师范中文专业。凡从高等师范学院毕业的中文专业学生均享受国家公务员待遇,毕业后由国家分配到各公立中学教中文。同年,雅温得第二大学孔子学院荣获"全球先进孔子学院"称号。

2010年,雅温得第二大学孔子学院设立拉盖特国际学校教学点,次年教学点升格为孔子课堂。拉盖特国际学校位于雅温得市,创建于1996年,是一所集幼儿及中小学为一体的私立学校,在校生2000余人。该校中学生米雪和图志杰在2015年世界中学生汉语桥比赛喀麦隆赛区夺得冠亚军并代表喀麦隆赴中国参加总决赛。3 月 24 日,正在喀麦隆进行访问的全国政协主席贾庆林来到雅温得第二大学孔子学院,亲切看望了孔子学院师生并对孔子学院给予了高度肯定。8 月 12 日,非洲地区孔子学院 2010 年联席会议在雅温得召开,来自非洲地区 18 个国家 25 所孔子学院和孔子课堂的 120 多名代表出席了会议。国家汉办主任兼孔子学院总部总干事许琳、喀麦隆高等教育部部长恩东戈等人出席了开幕式,恩东戈在致辞中高度评价孔子学院为中喀文化交流所做的贡献。11 月,第二任中方院长赵有华到任。同年,雅温得第二大学孔子学院第一期太极拳班正式开班并成功举办了首届汉字硬笔书写比赛等活动。年底,雅温得第二大学孔子学院再次获评"全球先进孔子学院"并被喀方誉为体现"南南合作精神"的典范。

2011 年,雅温得第二大学孔子学院设立巴丽中文培训中心。该中心位于杜阿拉,主要面向成人开设商务中文培训课程,定期举办各类文化活动及人才招聘会等。在杜阿拉,雅温得第二大学孔子学院还与杜阿拉大学、卢梭双语学校、斯哈双语小学、安德烈小学等合作开设了各类中文课程。12 月 5 日,国务委员刘延东考察雅温得第二大学孔子学院,并向孔子学院友情赠送了孔子铜像,期待孔子学院培养出更多的中非友好使者,进一步地推动双方各领域的友好合作。年底,雅温得第二大学孔子学院第三次获评"全球先进孔子学院"。

2012 年,喀麦隆中等教育部将中文纳入国民教育体系。7 月,马鲁阿大学高等师范学院首届 14 名中文师范本科生毕业,其中 4 人申请到孔院奖学金赴中国留学,其余 10 人被分配到各省会城市担任中文教师,这也是喀麦隆第一届本土中文教师。8 月,雅温得第二大学孔子学院第二任喀方院长塔比·皮耶·埃玛纽埃尔到任。9 月,雅温得第二大学孔子学院成功举办了首届本土中文教师教材培训会,参会成员为首届中文师范本科毕业生,培训后他们将走上教授中文的讲台,这标志着中文真正成为喀麦隆国民教育体系中的一部分。年底,中方院长赵有华荣获"全球孔子学院先进个人"称号。

2013年,中文课程纳入喀麦隆中学会考科目,本土中文教材《你好喀麦隆》成为公立中学指定教材。《你好喀麦隆》采用中法双语,共4册,主编是喀麦隆人杜迪,他是马鲁阿大学高等师范学院首届中文师范专业本科生、浙江师范大学汉语国际教育与翻译双学位硕士生、北京语言大学汉语语言学博士生,曾担任雅温得第二大学孔子学院海外志愿者教师,现任教于马鲁阿大学高等师范学院并担任喀麦隆中等教育部汉语总督学。2013年,在浙江师范大学、雅温得第二大学孔子学院及马鲁阿大学的支持下,杜迪与中喀专家共同编写了《你好喀麦隆》系列教材并由中方资助在当地出版。经过4年修订,2017年浙江教育出版社和喀麦隆D&L出版社联合出版了第二版。2月,第三任中方院长余国养到任。

2014年,雅温得第二大学孔子学院设立勒迪古狄小学教学点。勒迪古狄小学位于雅温得市,是一所私立学校,包括幼儿园和小学。幼儿园12个班,小学20个班,在校生1000余人,小学部开设了中文兴趣课。同年,雅温得第二大学孔子学院举办了首届"喀麦隆好声音",与马鲁阿大学人文学院合作开设了中文非师范本科专业,并被评为"全球示范孔子学院"。

2015年1月13日,中国外交部部长王毅在喀麦隆外交部部长姆邦乔、高等教育部部长恩东戈的陪同下,参观了雅温得第二大学孔子学院。王毅表示:孔子学院是一座传播中非友谊的桥梁。汉语教育是一把钥匙,打开了青年人认知中国的大门。青年是国家的未来,喀麦隆青年来到孔子学院学习汉语,为将来投身中喀友好合作事业、开启自己的美丽人生奠定基础。8 月,第一期喀麦隆本土中文教师培训班在浙江师范大学开班,30 位喀麦隆本土教师参加了培训,以后每年举办一期。同年,雅温得第二大学孔子学院开通了中文广播节目"空中汉语",面向全喀麦隆听众;孔子学院教师应邀参加了喀麦隆全国教育管理者协会年会并考察了克里比深水港、中化国际喀麦隆橡胶园等。年底,中方院长余国养荣获"全球孔子学院先进个人"称号。

2016 年,雅温得第二大学孔子学院与雅温得第一大学签订了协议。雅温得第一大学是喀麦隆最好的综合性大学,下设 7 个学院:人文学院、科学院、医学和生物医学院、教育学院、高等师范学院、国家高等理工学院、森林技术学院。还有 4 个研究生院:艺术、语言与文化研究院,人文社会和教育研究院,科学技术与地理科学研究院,以及生命、卫生与环境科学研究院。雅温得第一大学与浙江师范大学还是中国教育部"20＋20"项目的合作高校。

2017 年,雅温得第二大学孔子学院设立弗兰克中学教学点。弗兰克中学位于雅温得市,该校有小学与中学,中文课程开设在中学部。1 月 12 日,中国文化部副部长丁伟参观访问了雅温得第二大学孔子学院,中国驻喀大使馆政务参赞孙伟陪同。丁伟对雅温得第二大学孔子学院在中文教学和文化推广方面取得的成绩表示由衷赞赏。2 月,第四任中方院长江玉娇到任。8 月,第三任喀方院长艾赫特·所罗门到任。

2018 年,雅温得第二大学孔子学院设立雅温得圣特雷莎天主教大学教学点。该校是一所教会大学,成立于 2017 年,下设管理学院、工业技术学院、社会科学和教育学院、健康科学学院,致力于多元化与专业化的职业培训。中文课程是大一新生必修课。2019年,该校与雅温得第二大学孔子学院、贵州行之初公司签订了三方协议,共同设立了"行之初服装班"。这个班的学生在喀麦隆学习一年中文,通过 HSK 三级后将赴中国贵州行之初民族文化产业发展有限公司继续学习中文及服装行业的专业知识和技能。服装班第一届学员共7人。同年,雅温得第二大学孔子学院承办了联合国教科文组织以"哲学与新全球化问题:包容所面临的挑战"为题的学术研讨会,在杜阿拉举办了喀麦隆中华商会杯翻译大赛暨人才招聘会,孔子学院教师陈连香荣获"全球孔子学院先进个人"称号,孔子学院学生罗迈、李薇娜荣获第十一届"汉语桥"世界中学生中文比赛非洲冠军。

2019年7月,雅温得第二大学孔子学院与浙江师范大学非洲研究院联合举办了第三届中非影视合作论坛暨《重走坦赞铁路》非洲首映式,并组织了教育工作者访华团。8月,第五任中方院长吴强到任;雅温得第二大学孔子学院中西非汉语教师培训中心正式揭牌并成功举办了第一届本土中文教师培训,此次培训的专家沈阳师范大学董萃教授由孔子学院总部师资处选派;第五期喀麦隆本土中文教师培训班在浙江师范大学顺利开班。同年,雅温得第二大学孔子学院举办了教师教学技能评比大赛、迎新春系列活动、元宵喜乐会、第六届喀麦隆好声音、第十二届"汉语桥"世界中学生中文比赛、第十八届"汉语桥"世界大学生中文比赛、"庆中秋、迎国庆"系列活动、中医文化讲座、孔子学院奖学金宣讲会、汉语水平考试等,为喀麦隆最大的本土石油运输公司开设了"汉语＋职业"特色课程,组织师生赴雅温得索阿区孤儿院捐赠爱心物资。年底,雅温得第二大学孔子学院喀方理事长、雅温得第二大学校长阿道夫·闵库阿·西荣获"全球孔子学院先进个人"称号。

2020 年,新冠疫情席卷全球,雅温得第二大学孔子学院开始线上授课并举办了多期线上讲座,主题有中国大熊猫、2020 年中国十大网络流行语、有趣的汉字、歇后语、七夕节、中文里的"吃"文化、HSK 标准教程、中秋节。7 月,雅温得第二大学孔子学院开始录制《你好喀麦隆》微课。8 月,雅温得第二大学孔子学院中西非汉语教师培训中心举办了第三届本土中文教师培训暨首次线上培训,来自喀麦隆、加纳、卢旺达、布隆迪、多哥、赞比亚等 6 个非洲国家的 105 名本土中文教师参与了本次培训,这有效地推动了中西非区域本土中文师资的协同发展。8 月,第四任喀方院长丹尼尔·于尔班·恩东戈到任。年底,雅温得第二大学孔子学院第十三届理事会线上会议闭幕,喀麦隆国家广播电视台 CRTV 全程报道了本次会议。

经过十余年的发展,雅温得第二大学孔子学院的办学规模不断扩大并受到广泛好评:3 次获评优秀孔子学院,2014 年被评为示范孔子学院,其中 5 人获评孔子学院先进个人。累计培养学员超过 13 万。中方累计选派院长 5 人、教师 45 人、志愿者 113 人。喀方累计选派院长 4 人,专职职工 5 人。下设孔子课堂 1 个与其他教学点 16 个:高校 9 个,即雅温得第一大学、雅温得第二大学、马鲁阿大学、雅温得高等翻译学院、雅温得非洲信息学院、雅温得商业技术学院、杜阿拉非洲信息学院、雅温得高等商业学院、雅温得门洞科技大学;中小学 4 个,即拉盖特国际学校孔子课堂、勒迪古狄小学、马达国际学校、弗兰克中学;成人培训点 2 个,即雅温得第二大学孔子学院索瓦校区、巴丽中文培训中心;职员培训点 2 个,即杜阿拉阿达克斯中石化公司、雅温得圣特雷莎天主教大学行之初服装班。孔子课堂和教学点分布在雅温得、杜阿拉及马鲁阿三座城市,形成了一院多点的办学模式。雅温得教学点主要为大学生和中小学生提供教学服务,杜阿拉教学点侧重成人商务中文培训,马鲁阿教学点则侧重培养中文专业本科生及硕士生。因此,喀麦隆的中文教育覆盖了从小学到硕士的所有阶段,而中文专业的发展更是推动了中文师资的本土化建设。

国际中文教育的终极目标是推动中文成为国际语言,而中文教育的本土化则是实现这个目标的关键路径。中文教育本土化最关键的一点是如何解决好"三教(教师、教材、教法)"的本土化,其中又以教师本土化尤为关键,因为世界各国中文教学普遍存在中文需求不断增长与师资供给相对有限的突出矛盾。赵金铭先生认为中文作为外语,其教师应该本土化,即应该大量培养母语为非中文的本土中文教师,以此大力提升中文水平,完善中文教师的知识结构,逐渐使其成为国际中文教师主体。[1]

喀麦隆本土中文师资是相对于中国外派的国际中文教师和志愿者而言的,是指喀麦隆土生土长的中文教师。喀麦隆的师范教育由公立大学负责,在8所公立大学中有一半高校设立了高等师范学院。高等师范学院包括三年制本科学历专业和五年制研究生学历专业。三年制本科生毕业前须获得一级教师资格证书,毕业后经政府统一分配到公立中学任职初中教师;五年制硕士生毕业前须获得二级教师资格证书,毕业后由政府统一分配到公立中学任职高中教师。高等师范学院的学生要获得学位,须到所在大学的人文学院学习学术研究课程和撰写论文,论文答辩通过后即可获得学位。在这4所公立大学的高等师范学院中,马鲁阿大学高等师范学院开设了中文本科

---

[1]　赵金铭:《何为国际汉语教育"国际化""本土化"》,《云南师范大学学报》(对外汉语教学与研究版)2014年第2期,第24—31页。

及硕士专业。截至 2019 年,马鲁阿大学高等师范学院共培养了 324 位中文师范专业毕业生,除部分继续深造和自谋职业外,其中有 276 位毕业生被分配到 200 多所公立中学担任本土中文教师,本科毕业生在初中部任职,硕士毕业生在高中部任职,均享受喀麦隆政府公务员待遇。① 此外,2014 年雅温得第二大学孔子学院还与马鲁阿大学人文学院合作招收三年制本科学位中文非师范专业生,每年招收人数不等,2019 年新生为 108 人,累计培养 300 余人。这些非师范生大部分在喀麦隆全国各地的私立学校担任中文教师,还有部分学生在当地中资企业工作或赴中国留学深造。

喀麦隆中文教学质量的提高,取决于中文教师教学质量的提高,而加强中文师资培训是提高教学质量的重要保证。雅温得第二大学孔子学院充分利用各方资源,开展了多元化的培训。

一是各区集中培训。雅温得第二大学孔子学院在喀麦隆中部区、极北区和滨海区举办了 13 期中文教师在职培训,由孔子学院中方教师担任培训人员,培训内容包括拼音、汉字、词汇、语法等基础知识的教学,已培训 200 多人次。在各区培训中表现优秀的教师会被推荐到孔子学院本部接受培训。二是孔子学院培训。2019 年 8 月,雅温得第二大学孔子学院与喀麦隆中等教育部合作设立了非洲地区第一个本土中文教师培训基地——雅温得第二大学孔子学院中西非汉语教师培训中心,并邀请中国专家赴喀麦隆培训,授课内容包括课堂活动设计、综合课教学及讲课比赛等,培训对象是来自喀麦隆各区的 50

---

① 吴强:《提升喀麦隆中文教育质量》,《中国投资》2019 年第 24 期,第 48—49 页。

名优秀教师,培训过程中,来自孔子学院的中方教师协助专家进行授课。未来将定期举办培训活动,包括线上培训,并邀请喀麦隆周边国家本土中文教师参加。培训推动了中西非区域本土中文师资的协同发展。三是赴华进修培训。为打造一批卓越的本土中文师资,浙江师范大学孔子学院非洲研修中心自2015 年起,每年暑期都会开设一个喀麦隆本土中文师资培训班,每期 30 人左右,培训时间 3—4 周。受新冠疫情影响,2020—2023 年为线上培训。截至 2023 年,培训班已培训近 300 名喀麦隆本土中文教师。该培训班集语言知识、教学方法、课堂活动设计、中国传统才艺学习、课堂教学观摩与实践,以及中国文化讲座和文化景观实地考察为一体,以全面提升本土中文教师的教学水平为目标。

经过多年的努力,本土中文师资已成为喀麦隆中文教育的师资主体。本土中文师资培训逐渐完善,各方面成效显著,但仍存在一些问题。一是中文专业部分课程安排不太合理。马鲁阿大学高等师范学院中文专业课程设置由核心课程和辅助课程组成,涵盖了中文的听、说、读、写、译五个方面,但一些课程在安排上不太合理,如语言学导论、中国文化概论、中国文学史等理论性课程开设得较早,而汉字书写等实践性课程开设得又较晚。二是中文专业部分学生学习动力不足。马鲁阿大学高等师范学院师范中文专业学生只需修完每门课程就能顺利毕业,他们往往都是低分通过各科考试,学校对汉语水平考试不做要求,毕业门槛偏低,而且毕业后工作包分配,导致部分学生学习动力不足。三是本土中文教师在职培训机会太少。喀麦隆的中学教师教学任务普遍比较繁重,再加上平时忙于学校其他工作和家庭事务,学习中文的时间大幅减少,中文水平逐渐下滑,尤其是中文口语水平退化快,亟须加强在职学习,但由于交通和食宿成本高,政府部门无力组织培训。

　　为解决这些问题,中喀双方应加大投入,共商对策,确保中文师范专业持续健康发展,因地制宜培养本土中文师资,同时重点培育一批卓越的本土中文教师,并将他们培养成为本土中文师资的培训师。首先,提升中文专业教学水平。一是对中文专业的课程安排进行修订,完善课程大纲。二是教师上课前要充分备好课,每节课的教学目标、内容、步骤、重点、难点、教学方法都要明确,对每学期的教学目标和教学进度的安排,任课教师要心中有数;同时开展听课评课活动,让经验丰富的教师上示范课,相互取长补短,共同提高教学水平。三是逐步提高教学评价的科学性并统一标准。其次,提高中文专业培养质量。师范生要成为一名合格的本土中文教师,必须在中文和中国文化知识、中文教学技能及教师基本素质三方面达标。一是始终要加强中文师范生的道德品质与职业素养的教育。二是使学生具备扎实的中文和中国文化知识。具体而言,应将HSK 纳入师范生的培养计划,规定学生毕业前须通过相应的HSK 等级考试,建议本科二年级通过 HSK 三级,本科三年级通过 HSK 四级,硕士毕业时通过 HSK 五级。对考试严格把关,高分学生给予奖励,不合格的学生须重修;提高学生论文写作水平,学校可购买相应的专业书籍与电子文献,为学生的论文写作提供支持。加强师范生中文教学技能的锻炼,提升教学水平。最后,创新中文师资在职培训。本土中文师资中文水平的高低,决定着喀麦隆中文教育发展的水平。从长远来看,应继续加强在职培训并不断提升他们的中文水平。一是设立喀麦隆中文师资培训工作小组,充分发挥好雅温得第二大学孔子学院"中西非汉语教师培训中心"的示范作用,专注于中部区、极北区和滨海区师资培训,同时积极开拓其他培训点。二是师资培训尽量放在当地,既节约成本,又方便学员;如果条件成熟,未来应利用互联网技术进行培训。三是积极拓宽师资培训渠道,继续选派优秀中文教师赴华培训,有针对性地开设培训班,实现培训方式的多元化并形成一套良性机制。

随着中喀各领域务实合作不断深化,中喀人民相互了解的愿望越发强烈,这将催生出对中文人才的巨大需求。在事物的发展过程中,内因是事物发展的根据,外因是事物发展的外部条件,外因须通过内因起作用。喀麦隆中文教育的发展需继续加强本土中文师资的培养与培训,实现从外部"输血"转变为内部"造血"。未来,喀麦隆本土中文人才将成为构筑中喀民间友好交往的桥梁和纽带,在共建"一带一路"和中非命运共同体过程中将发挥重要作用,为造福中喀两国和两国人民贡献更多的力量。

自 2006 年以来,中国每年为喀麦隆提供一定数量的中国政府奖学金名额,其中,2018 年 39 名,2019 年 45 名,2022 年 20 名,2023 年 11 名。2010—2020 年通过孔子学院奖学金(现更名为"国际中文教师奖学金")项目申请赴华留学人数总计 410 人,其中硕士研究生 106 人,本科生 39 人,语言进修生 265 人(含一学年研修生 219 人,一学期研修生 46 人)。另外,自 2007 年以来,雅温得第二大学孔子学院每年组织学生夏令营与教育工作者访华团,已累计组织 20 多个团组,超过 500 人次。

雅温得第二大学孔子学院培养了一大批懂中文的青年人才。一是培养了一批博士研究生。如:杜迪,浙江师范大学汉语国际教育与翻译双学位硕士生、北京语言大学汉语语言学博士生,现任教于马鲁阿大学高等师范学院并担任喀麦隆中等教育部汉语总督学,2020 年 12 月荣获第十四届中华图书特殊贡献奖。佳妮,浙江师范大学汉语国际教育硕士生、北京语言大学博士生,现为喀麦隆中等教育部汉语督学。许子坚,浙江师范大学博士生,现任教于马鲁阿大学高等师范学院。杜威、戴安娜2位博士现任教于马鲁阿大学人文学院。提莲、周丽彤、叶子怡3位博士现任教于雅温得第二大学孔子学院。二是培养了一批硕士研究生。如:罗密、杜进、邓子琦、莱莎、司马祝年5位硕士现任教于雅温得第二大学孔子学院。李奇玮,担任喀麦隆本土中文教师和喀麦隆本土中文教师协会会长。严可博,担任喀麦隆本土中文教师和喀麦隆极北地区汉语督学。还有厉珂、欧力、凯文等在中国继续攻读博士研究生。三是为喀麦隆中学培养了一批本土中文教师。如包亚南、姚启明、白雅、杜鹃、胡天佑等从马鲁阿大学毕业后担任中学本土中文教师,像他们一样的中文教师在喀麦隆有200多位。四是为当地中资企业培养了一批骨干。如包驰力博士在威海国际喀麦隆分公司工作,孙频宇在华山国际喀麦隆有限公司担任翻译和行政助理,亚尼克在非亚物流公司工作,等等。

2018年,中喀签署了共建"一带一路"合作协议,为两国合作开辟了更加广阔的前景。孔子学院是一把钥匙,为喀麦隆青年人打开了认知中国的大门。青年是国家的未来,喀麦隆青年人学习中文,为将来投身中喀友好事业、开创自己美好人生奠定了更好的基础,未来在共建"一带一路"过程中也将发挥重要作用。

三、行走非洲——浙江企业走进喀麦隆

浙江省地处中国东南沿海,经济发达,文化繁荣。改革开放以来,浙江与外部世界的关系日趋紧密,已成为中国对外开放程度最高的省份之一。"对非合作看中国,中非合作看浙江。"这句话可谓近年来对非合作领域的生动写照。根据商务部 2022 年 4 月公布的数据,中国已连续 13 年保持非洲最大贸易伙伴国的地位。而在中国国内,浙江在 2016—2020 年都是对非进出口额最大的省份。2022 年前三季度,浙江对非进出口总额达 2495 亿元,同比增长 22%,增速居全国之首。2022 年11 月 21 日,2022 中国(浙江)中非经贸论坛暨中非文化合作交流周开幕式在浙江金华举办,49 个非洲国家和国际组织的 80位驻华使领馆官员(其中含 36 位驻华大使)通过线上或线下的形式参加会议。

当前,全球治理体系和国际秩序变革加速推进,国际力量对比深度调整。一个是最大的发展中国家,一个是发展中国家最集中的大陆,中国与非洲本就是紧密联结的命运共同体。积极的政策加持无疑是浙非合作最重要的密码之一。浙江高度重视国家对非合作的战略部署,各级政府在对非合作上也保持着良好的协调合作,为服务中非合作提供了政策、智库、安全与机制平台等方面的保障。据了解,2010—2021 年间,先后有 40多个非洲国家和国际组织的官员到访浙江商谈合作,浙江省委、省政府主要领导也多次赴非洲寻求发展合作,对扎实推进

浙非交往起了积极的引领作用。2019 年 3 月,浙江发布了国内首个地方省级政府出台的对非政策文件《浙江省加快推进对非经贸合作行动计划(2019—2022 年)》,围绕规划指导、产业对接、设施联通、贸易畅通、数字经济、人文交流六大重点领域积极布局浙非合作。所以,无论是在广度上还是深度上,浙江与非洲的合作交流都有了明显的拓展,在政策、经贸与人文三大层面相互促进,逐渐形成了鲜明特色的"浙江模式"。

经贸领域是浙江对非合作的重点。浙商是中国较早探索并进入非洲市场的商人群体,其敢为人先、勇闯天下的精神使得浙江对非合作网络遍布非洲各国,覆盖工业、经贸、农业、旅游等各个领域。在浙商的努力下,经贸交流也正经历着从"走向非洲"到"落户非洲",再转变到"联通非洲"。早在 20 世纪 80 年代,就有一批批浙江人远赴非洲闯市场,寻商机。近年来,浙江与非洲在旅游、教育互访、民间往来等层面进行全方位的合作。如今在广袤的非洲大陆的城市与乡村,都可以找到浙江人勤劳创业的身影。

"中国有非常庞大的市场和人口基数,也是经济增速最快的国家之一。这意味着不到中国来,就无法做好生意。"来自喀麦隆的非洲企业代表福多普·埃里克如是说,在他看来,非洲企业要想做大做强,就一定离不开中国市场。他所在的喀鑫服务平台有限公司与浙江德瑞供应链管理有限公司签下了 2.1 亿元的非洲自然资源进口项目,比如铝土矿、镍、铜等。另一位非洲企业代表普耶·巴西鲁签下了 200 亿元的义乌小商品采购项目,该项目包括在非洲投资 300 万元建设一个海外仓,主要用于中转插头、充电线、太阳能电池板等在非洲非常紧俏的货物。

这些项目只是浙非经贸合作中的缩影。小到杯中的红酒和茶叶、身上佩戴的钻石水晶,大到各种真皮箱包和实木家具,浙江对非贸易连年增长,各类商品远销非洲大陆,而非洲的红酒、咖啡、红茶、坚果等也深受浙江人的喜爱。

与此同时,阿里巴巴、浙江建设投资集团、华友钴业、正泰、巨石等一大批浙江企业成功走进非洲。双方在投资、贸易和工程承包等领域合作规模不断扩大,涌现了一大批"跳出浙江发展浙江"的企业。2021 年,浙江对非出口总额 2255.6 亿元,同比增长 12.2%;其中金华对非出口 845.7 亿元,居全省第一,连续 7 年占全国对非出口近 1/10。①

浙江交工集团股份有限公司(以下简称浙江交工)于 1953 年 5 月成立,其前身是浙江省交通厅公路局所属工程队,2001 年 11 月,工程队实现了巨大的蜕变,成为浙江省交通投资集团有限公司的下属子公司,2016 年 8 月正式发展为股份有限公司。浙江交工拥有多项专业承包资质,是名副其实的综合交通工程施工企业。

近年来,浙江交工进行业务转型,不断拓展海外市场,取得了明显成效。非洲作为最早开发的原有基地市场的传统地位得到不断巩固,国别区域涵盖赞比亚、喀麦隆、刚果(布)、安哥拉、多哥、埃塞俄比亚、尼日尔、马拉维、布基纳法索、纳米比亚、坦桑尼亚。浙江交工并不满足于分包项目,他们不断壮大实力,精准投标,实现了自主承接海外业务零的突破。以自主品牌承建的马拉维 MEM 项目,于 2019 年顺利竣工通车,并凭借良好的声誉在马拉维"梅开二度",承接了第二个自主品牌项目。浙江交工在非洲累计修建了 1000 余千米的公路,为当地

---

① 黄心怡、何泠瑶:《非洲第一的贸易好伙伴 为什么是浙江?》,http://news. zjnu. edu. cn/_ t430/2022/1123/c8451a407135/page. psp,2022 年 12 月 9 日。

人民提供了 5000 多个就业岗位,培养了许多基础设施建设施工人才,极大地改善了当地人民的生活水平。同时,为当地民众建设校舍、推广医疗救助、捐赠物资、援助抗洪救灾。在中非地区转移重症病人,在喀麦隆协助大使馆撤离 63 名中国同胞……浙江交工视当地居民为同胞,披肝沥胆,履约践诺,用一己之力为周围民众铺出一条平安大道,也用实际行动践行着共建"人类命运共同体"的伟大倡议。①

浙江交工喀麦隆有限公司在喀麦隆先后承接了三个项目:

项目一:喀麦隆九城市供水项目之桑梅利马、克里比水厂

浙江交工喀麦隆有限公司承接了喀麦隆九城市供水项目的桑梅利马、克里比水厂项目。饮用水问题是喀麦隆政府致力于解决的重大问题之一。喀麦隆九城市供水项目系由中国进出口银行提供优惠贷款,由中地海外集团承建,全部采用中国技术、规范、机电设备和产品。一期在巴富萨姆、克里比、巴门达、桑梅利马 4 个城市实施,已于 2017 年 8 月完工。二期将在马鲁阿、加鲁阿、德尚、加鲁阿-布莱、雅巴西 5 个城市实施。一期项目的 4 座水厂已经完工并投入使用,这不仅在很大程度上改善了当地居民的卫生条件、促进了就业和经济增长,而且用事实证明了中国技术、规范、设备产品完全能够满足喀麦隆的施工要求,能适应高温、高湿的环境,为中国标准在喀麦隆的推广树立了典范。

项目二:喀麦隆三年紧急计划公路项目之东部大区曼朱—巴萨马—巴图里段

浙江交工喀麦隆有限公司承接了喀麦隆三年紧急计划公

---

① 苏月:《交工国际:五载弄潮拓海 擘画丝路蓝图》,浙江交工集团微信公众号,2022 年 5 月 23 日。

路项目第六标段项目(或称为喀麦隆三年紧急六合同)。喀麦隆三年紧急计划公路项目内容包括在全国各个大区修建公路,旨在连通农业产区和旅游景点,改善人民生活,促进经济增长。该项目规划路段有:阿达马瓦大区恩冈代雷—帕罗段,全长 70 千米;北部大区圭吉巴—塔帕雷段,全长 57 千米;极北大区马鲁阿—博戈段,全长 39 千米;滨海大区杜阿拉—博纳普巴—亚巴西段,全长 95 千米;西部大区和西北大区丰班—库帕马塔皮特段,全长 54 千米;东部大区曼朱—巴萨马—巴图里段,全长 83 千米;西北大区巴本戈—奥库—诺尼(恩科尔)段,全长 70 千米;西南大区埃孔多提提—昆巴段,全长 65 千米;中部大区索阿—埃思—阿瓦段,全长 79 千米;南部大区桑梅利马(奥鲁姆)—欧翁段,全长 70 千米。

项目三:喀麦隆全国道路与桥梁整治工程特别紧急计划项目之曼得尤—巴图里—尤卡杜马土路整治工程

喀麦隆全国道路与桥梁整治工程特别紧急计划涉及 9 个工程项目,具体包括雅温得—巴富萨姆—巴门达沥青道路整治工程、雅温得—姆巴尔马尤—埃博洛瓦沥青道路整治工程、恩冈代雷—加鲁阿沥青道路整治工程、奥巴拉—布阿姆公路的第三号标段恩定—姆巴嘎公路建设工程、曼得尤—巴图里—尤卡杜马土路整治工程、梯巴蒂—巴尼尤土路整治工程、昆巴—姆当巴土路整治工程、雅温得—杜阿拉公路迪邦巴大桥整治工程、埃代阿—克里比公路尼永河大桥整治工程。

如果说电影《战狼 2》中中国撤侨是大国风范与大国担当的体现,那么浙江交工在喀麦隆撤侨的特殊使命则展现了国有企业的社会担当。2018 年 10 月 4 日,3 名中国公民在中非共和国西南部遇害身亡,另有 3 人受重伤。事发后,当地中国侨民的人身和财产安全受到了严重威胁。经驻中非使馆安排,63 名侨民拟于 10 月 14 日或 15 日由中非贝贝拉蒂市经喀麦隆边境 Gari-Gambo 口岸入境,并由喀麦隆回国或赴第三地。14 日,中国驻喀麦隆大使馆紧急联络浙江交工,请求紧急协助中国同胞安全撤离至贝尔图阿并临时安置。浙江交工喀麦隆有限公司临危受命。公司负责人代涛与项目经理王辉明连夜同使馆商定对接方案,周密部署整个撤离计划。15 日一早,王辉明带领项目部员工赶往 Gari-Gambo 口岸。10 月的喀麦隆正值大雨季,他们克服了道路泥泞、通信失联等困难,驱车 130 千米,历时 7 个半小时赶到了目的地。他们迅速开展工作,向同胞们介绍了后续计划与注意事项,安抚大家情绪,并协助办理入境、转运及临时安置等事宜。16 日,项目部护送 15 辆车上的 63 名同胞,在历时近 10 小时,行驶 210 余千米后安全抵达贝尔图阿,并向王英武大使做了汇报。17 日上午,项目部在协助办理入境手续、租用大巴将同胞们送往喀麦隆首都雅温得后返回。

为此,外交部专门致函浙江省人民政府,充分肯定浙江交工在协助我国受困公民从中非共和国撤离转运和临时安置工作中做出的重要贡献。时任浙江省省长袁家军高度重视此函并向在撤离中国公民行动中给予大力帮助的浙江交工表示感谢。中国驻喀麦隆大使馆也在大使馆官网上对此次行动进行了跟踪报道,多次称赞浙江交工在此次行动中展现的国企风范和责任担当,并专门向浙江交工发来了感谢信。"贵公司在我侨民撤离转运行动中,积极配合使馆工作,体现出很强的大局意识和责任担当,贵公司心系海外同胞安危,展现出积极承担社会责任的国企担当,得到了我侨民及喀当地民众的一致好评。"驻喀麦隆大使馆在稍后寄来的感谢信中写道。另外,浙江交工 5 位员工临危受命,冒着生命危险,全力以赴协助中国驻喀麦隆大使馆将 63 名中国同胞送达安全区域的感人故事由浙江交工业余文工团改编为情景剧《神圣使命》,登上浙江省总工会庆祝新中国成立70周年职工文艺汇演舞台并广受好评。

此次协助撤离行动正是浙江交工彰显国企担当的一个缩影。浙江交工始终积极履行社会责任,曾于1972年参与中国援建赤道几内亚公路,受到赤道几内亚国家领导人和普通百姓的由衷赞誉;参与2008年汶川大地震抢险救灾施工,仅用19天的时间实现了原堵塞瘫痪道路的掘进、整修和爆破,为抢险救灾开辟了一条黄金运输通道;在抗击2019年第9号台风"利奇马"时,浙江交工人众志成城,冲在前线……①

在浙江交工喀麦隆有限公司有一批敢闯敢干的员工,其中王辉明是典型人物。王辉明现任喀麦隆三年紧急计划公路项目第六标段项目经理,主要负责喀麦隆三年紧急计划公路项目第六标段项目管理,曾获浙江交工奉献奖等荣誉。自参加工作以来,他始终坚守在施工第一线,完成了多个项目建设。从2014年积极响应国家"一带一路"倡议参与非洲项目建设直至现在,他带领团队在当地援建学校、捐赠物品、免费修建公共场所、整修通行道路,改善了当地民生。其间,他还协助中国驻喀大使馆成功撤侨,获得外交部和浙江省省长点名表扬,为浙江交工带来了良好的经济效益和社会声誉。②

参加工作以来,无论是作为初出茅庐的技术员还是独当一面的项目经理,他始终以身作则,冲锋在前。在喀麦隆一期水厂项目中,在进度不理想、人员紧张时,他带头轧钢筋、开铲车、开碰碰车,大家都说王经理是个全能手。无论是进度、质量还

① 何泽宇:《浙江交工出演省总工会庆祝新中国70周年职工文艺晚会》,浙江交工集团微信公众号,2019年9月26日。

② 交工宏途团委:《喜报!王辉明获评省交通集团"十大青年新锐"》,浙江交工集团微信公众号,2020年6月16日。

是安全,大事小情他都时时挂在心上。项目的各项工作,他总是一丝不苟,兢兢业业。他笑着说:"我一天不上工地转转,心里总觉得少了点什么。这么多年,都已经习惯了。"榜样的力量是无穷的,在他的模范带领下,项目员工们也养成了遇事毫不退缩、个个奋勇争先的好习惯。

在 2018 年 10 月 4 日的撤侨任务中,他临危受命,舍己为人,平安将同胞送达安全地方。在撤离过程中,他镇定从容的气度、熬红的双眼、真诚友善的关怀,受到帮助的侨民同胞看在眼里,记在心底。他们由衷地向项目部一行竖起大拇指表示真挚的感谢,场面一度让人湿了眼眶。①

王辉明总说项目部的员工都是家人。他是这么说的,也是这么做的。实际生活中的他就像是这个大家庭的家长,总是无微不至地关怀着所有员工。平时谁有困难了,他总是主动给予帮助;谁工作中有情绪了,他总会及时与之谈心进行排解。民主生活会上,他总是重复那句话:"无论工作中还是生活中,大家有什么困难都可以提出来,如果有什么不方便的,可以私下里来找我。"由于喀麦隆物资贫乏,生活环境相对较差,为让大家吃上各种各样的新鲜蔬菜,他想办法从国内带回蔬菜种子自己种植。目前项目部菜园里的蔬菜品种达到几十个,完全能够自给自足。

① 叶澍蔚、徐若翩、苏月:《喀麦隆撤侨圆满完成 浙江交工彰显国企实力与担当》,https://www.chinca.org/cica/info/18103109374011,2022 年 6 月 25 日。

四、逐梦非洲——浙商闯出一番天地

　　据不完全统计,截至 2018 年在非洲的中国人超过 100 万。在这百万之众中,敢闯敢冒的浙江人充当了先驱者的角色。早在 100 年前,就有浙商前往非洲投资创业。一些勤劳勇敢的浙商从浙南出发,在印度洋上飘荡月余到欧洲"淘金"。欧洲市场逐渐饱和后,一些更加大胆的浙商跨越地中海和直布罗陀海峡来到非洲。①

　　在澳大利亚、在欧洲,曾经的梦失落在生存的无奈之中,历尽艰辛、辗转求索,来自温州瑞安的吴建海也终于在非洲大陆找到新的目标,从一个敬业的医生变成了一个成功的商人。

　　吴建海年轻时就对医生这个职业十分向往。从丽水卫校毕业后,他被分配到瑞安莘塍医院工作。他对病人尽心尽责,全身心地投入这个对他来说近乎神圣的事业。在工作中,吴建海越来越感到自己医学知识的不足,为了打下更好的基础,吴建海决定出国深造。为了筹集资金,他变卖了家里包括房子在内的所有财产。1990 年,他满怀着对未来的憧憬,踏上了澳大利亚的土地。

　　可命运却同吴建海开了个不小的玩笑。到澳大利亚后,他所企盼的奖学金、留学资助人皆杳无音信,他只好选择了另一

———

　　① 谢庆:《这些年,那些去了非洲的浙商都在干什么?》,https://baijiahao.baidu.com/s? id=1610831936209121419&wfr=spider&for=pc,2022 年 6 月 26 日。

条途径:半工半读。然而当时正赶上澳大利亚经济不景气,找份好工作谈何容易。不管多脏多累的活,只要是合法能做的,他都去做,水果店搬运工、洗熨工、建筑队里的小工……靠着打零工,他勉强维持着自己的学业与生计。但一年多之后,连这些又苦又累的工作也几乎找不到了。此时,在生存与学业之间,吴建海面临着艰难的抉择。他不愿放弃学业,那上面维系着他的理想和他全部的人生计划,可以说,他过去所经历的一切艰苦都是为了这个理想。但命运有时就是这样残酷,为了生存,他不得不放弃了学业。

1992年,吴建海离开令他梦碎的澳大利亚,只身前往欧洲。首先落脚匈牙利,在市场里租了一个约10平方米的店面,做点小本生意。但是他对做生意可以说是一窍不通,后来又不得不将店铺亏本转租给了别人。之后,吴建海先后辗转于捷克、波兰、奥地利等国,打过工也做过小生意,其中的辛苦不言而喻。辛苦还只是小事,最令吴建海难堪的是自己的境遇。他出国并不是来卖苦力的,他是有自己的理想和志向的,尽管过去的梦已经破灭,但他不能从此一蹶不振。思来想去,吴建海再次选择了做生意。这次,他将目光聚焦到了非洲大陆。

带着一本叫作《绝境求生术》的书和几大皮箱的货物样品,吴建海于1994年5月来到了喀麦隆。令他欣慰的是,尽管是在生疏的非洲和陌生的市场,他的中国货却大受欢迎。虽然初来乍到,各方面困难重重,但吴建海还是体会到了久违的惬意,他如痴如醉地走上了自己的创业之路,并很快找到了做生意的感觉。但好事多磨,随后而来的一次挫折几乎又使他陷入绝境。1996年,他的几个集装箱的眼镜,在运输途中由于高温膨胀变形,损失达150万元。好在有朋友的帮助,他绝处逢生。在喀麦隆的商业中心城市杜阿拉,他成了当时从中国大陆来的唯一的私营企业主。由于此前历经商场磨炼，他已经颇具生意眼光，所以很快便再次崛起。

1999年，"翅膀"开始长硬的吴建海开始运作一个大胆的计划，在喀麦隆创建"中国商城"。"中国商城"原址位于杜阿拉的商业中心黄金地段，由于种种因素，过去却一直没人在这个地段投资。吴建海看准了这个不可多得的机会，租下了那里的大片房子并进行装修，开辟店铺专供中国商人租用。"中国商城"于1999年10月正式开业时，瑞安市政府还派出代表团专程赶到喀麦隆为其进行剪彩。"中国商城"是中国人在非洲创办的第一个专营中国货的商城，很快就成了中国货进入非洲市场的"桥头堡"，成了辐射周边7个国家的商品集散地。它的建立不仅为中国商人提供了一个创业的平台，也促进了杜阿拉的经济繁荣，因而立刻得到了当地政府的大力支持。

"中国商城"越来越受到人们的欢迎，生意非常红火。可这也招致当地一些其他国籍的竞争对手的忌恨；而吴建海作为一个富商，其拥有的财富，也令一些不法分子眼红。这些，都给吴建海带来了未曾想到的麻烦，如房东一而再地上涨房租并威胁要以天价卖出房子。有一次，吴建海甚至还经历了差一点被绑架的险境。然而，这一切都未能使吴建海退却，作为一个中国男子汉，他用大无畏的精神顶住压力，迎战困难。"中国商城"非但没受到那些干扰的影响，反而发展得越来越好了。

"中国商城"的建立，对促进中喀贸易以及中国与西非的贸易起了很大作用。特别是在鞋类销售方面，来自中国的鞋类产品现在几乎已经覆盖了喀麦隆所有的鞋类销售市场，并辐射周边国家。作为喀麦隆商贸界中国人的"领头雁"，吴建海对此深感欣慰。吴建海建立的"中国商城"，对促进中喀贸易以及中国与西非的贸易起了很大作用，成为两国贸易的纽带。吴建海的商业举措吸引了当地政府的目光,并且得到了当地政府的支持,无意间促成了本国民间与当地政府之间的公共外交活动。①

　　有着"东非鞋王"之称的季永灵也是一位在非洲奋斗的逐梦人。与第一批到非洲"吃螃蟹"的人不同,季永灵进入制鞋这一行业并不算早。但他却凭借着自己过硬的实力,在这一行业越走越快,无人能出其右。他在餐饮、百货、服装等行业一路摸爬滚打,用 25 年的时间走南闯北,踏遍三个大洲,具有超越常人的开阔的眼界和宽广的心胸。

　　2000 年,他第一次踏上喀麦隆的土地。这个地处西非、气候异常潮热的国家并没有给季永灵留下过多的好感。但他发现当地的服装市场还处于未开发状态,这一商机着实让他积攒了足够的实力。彼时,他往返于厄瓜多尔、巴西、智利与法国、匈牙利和罗马尼亚之间,但是南美动荡的金融市场与欧洲过高的准入门槛让处于事业迷茫期的他难以决断,找不到未来发展的道路。这时,一位旧友向他发出邀请,请他到喀麦隆走一走、看一看,跟他说这次说不定会遇见机会。"我去过很多国家,非洲还是不情愿去的。"这是他的第一反应。然而盛情难却,他最终踏上了飞往喀麦隆的旅程,真正完成了从西非到东非的商业"迁徙"。

　　衣物与鞋子流行的颜色、款式在每个国家都有所不同。经过 3 年多的摸索,季永灵逐渐能够精准地把握当地市场的潮流趋势,在与国内设计师反复交流沟通后,积累了多个鞋子爆款,其中最畅销的一款鞋子在 2 年间创造了 130 万双销售量、零库存的奇迹。

---

　　① 《逐梦非洲——喀麦隆中国商城董事长吴建海》,http://www.wzzx.gov.cn/art/2017/2/22/art_1297309_5774249.html,2022 年 6 月 26 日。

　　"鞋业王国"初具雏形,季永灵计划在乌干达建造 17 条生产线,预计日产量将超过 10 万双。届时,他在非洲 4 国(喀麦隆、塞内加尔、坦桑尼亚和乌干达)的鞋类生产线将达到 25 条,成为名副其实的非洲"中国鞋业大王"。

　　"直到前两年,我的母亲还在问我在非洲能不能吃上大米,不论我怎么说,老人家都觉得我是为了让她放心而故意骗她的。"说到这里,季永灵百感交集。在喀麦隆迅速站稳了脚跟的他被推选为喀麦隆青田同乡会会长。说到自己的成功秘籍,季永灵认为自己与别人的经商思路不同:依赖于对欧洲商业运作模式的了解,每年秋冬换季时,他都会前往西班牙等国,用低价从当地华人同行手中收购,再将这些质量过关、款式新颖、价格实惠的过季产品卖到喀麦隆,从而取得了商业上的巨大成功。①

---

　　① 《浙商自白:我是如何成为乌干达"中国鞋王"的》,http://www.chinanews. com. cn/cj/cj-cfgs/news/2009/12-07/2004292. shtml,2022 年 6 月 22 日。

后　记

　　在浩浩汤汤的历史长河中,轻取一瓢,千年的故事便浓缩其中。细细品味,竟道不明究竟是何滋味:有不断刺激着味蕾的苦涩,这是否是反抗殖民者的喀麦隆人民流下的血与泪? 紧闭双眸,再细细品味,犹有一丝甘甜残留,这是否会是国家独立后百姓们喜极而泣的热泪?

　　郁郁葱葱的热带景观和农业土地,深埋地下的矿产资源,飞奔在绿茵场上的足球少年,节奏急促欢快的肚皮舞,魔幻与现实融汇的部落盛典,巧克力色的沙滩,与中国深厚的兄弟情谊……一时间,我竟想不出拒绝喀麦隆的理由。

　　海内存知己,天涯若比邻。在全球化浪潮不断发展的今天,一批又一批勇于探索、不屈不挠的浙商背井离乡,将浙江商品带去遥远的喀麦隆。一群又一群不怕吃苦、勇于创新的中文教师走向远方,将中华文化播撒在喀麦隆土地之上……

　　美美与共,天下大同。祝愿喀麦隆能够继续焕发出无限的生机与活力,祝愿喀麦隆在新时代的磨砺中熠熠生辉,祝愿中喀友谊长长久久!

参考文献

一、书籍类

[1] 雅菲.喀麦隆[M].北京:世界知识出版社,1960.

[2] 基-泽博.非洲通史 第一卷 编史方法及非洲史前史[M].北京:中国对外翻译出版公司,1984.

[3] 尼昂.非洲通史 第四卷 十二世纪至十六世纪的非洲[M].北京:中国对外翻译出版公司,1984.

[4] 姚桂梅,杨宝荣.列国志·喀麦隆[M].北京:社会科学文献出版社,2010.

[5] 陈力.喀麦隆人民反对殖民主义的斗争[M].石家庄:河北人民出版社,1959.

[6] 孟淑贤.各国概况:中部非洲[M].北京:世界知识出版社,1997.

[7] 朱伯雄.20世纪世界美术大系 非洲卷[M].哈尔滨:黑龙江美术出版社,1991.

二、报刊类

[1] 杨宝荣.喀麦隆史前文明初考[J].西亚非洲,2006(9):52-55.

[2] 解健真.喀麦隆人民早期反殖民主义斗争中的几次重大反抗运动[J].西亚非洲资料,1965(1):39-43.

[3] 解健真.喀麦隆的外国垄断资本[J].西亚非洲资料,1965(4):7-11.

[4] 蔡阳辉,何亦成.喀麦隆雅温得市金红石矿资源勘查与开发

[J].资源节约与环保,2014(12):166.

[5] 庄慧君.喀麦隆巴米累克民族资产阶级的产生与发展[J].
西亚非洲,1989(3):40-46,30-80.

[6] 何辉明.非洲矮人国快消失了[J].科学大观园,2005(8):58.

[7] 齐林东.喀麦隆文坛领军者肯加松和他的"社会政治三部
曲"[J].世界文化,2018(10):35-37.

[8] 马肃.中喀人文交流树立文明互鉴典范[J].神州学人,2022
(5):21-23.

[9] 赵金铭.何为国际汉语教育"国际化""本土化"[J].云南师
范大学学报(对外汉语教学与研究版),2014(2):24-31.

[10] 吴强.提升喀麦隆中文教育质量[J].中国投资,2019(24):
48-49.

[11] 周悦卿.安吉尔·梅撒:用科技点燃教育之光 弥补非洲差
距[N].中国妇女报,2021-09-22(007).